U0411713

二〇一一—二〇二〇年國家古籍整理出版規劃項目
國家古籍整理出版資助項目
安徽省文化强省建設專項資金項目
安徽省古籍整理出版基金會資助項目

桐舊集

方履中署

八

[清]徐璈◎輯録
楊懷志　江小角　吴曉國◎點校

北京师范大学出版集团
BEIJING NORMAL UNIVERSITY PUBLISHING GROUP
安徽大学出版社

桐舊集

方守敦敬題

本册點校　江小角

目録

卷三十六

王櫄　胡淳
蘇求敬　馬起益　同校

徐待聘二首 …… 一
遥情 …… 一
寄友人山中 …… 二
徐友番五首 …… 二
山中寄諸社友 …… 三
訪十廟古蹟 …… 三
冬日過訪劉次頡留宿古處書齋時白林招同爾止夜飲其宅 …… 三
翠旭上人閉關西山偶步過訪出詩相示 …… 四
雨夜留宿古處館中 …… 四
徐翥十首 …… 五
法華庵 …… 五
宿月珠庵 …… 六
春村 …… 六
秋夜潘蜀藻招同鄧顛崖小飲 …… 六
歸橫山寄還巔崖 …… 七

寄姚揆采……七
同友人郊外賞菊……八
閨怨……八
觀釣……九
徐震一首……九
江行望鍾山……九
徐鴻喆二十二首……一〇
龍眠懷古……一一
西村道中簡儀九……一一
大觀亭次葉大中丞原韻……一二
皖江塔……一二
山夜……一三
答姚柳谷先生見贈原韻……一三
柬柏巖宗上人……一三
春雪道中……一四
泊池口……一四
新草……一四
移秧……一五
贈方郎容載……一五
將之大梁訂衡次二兄同往……一六
先親窀穸工竣銜悲有作二首之一……一六
贈香山崇智上人次韻……一六
春寒……一七
書齋雜詠……一七
口占贈倪九斯成……一七
西莊未值筠齋還山却寄

二首之一……一八
還山口號……一八
秋日漫成　三首之一……一八
龍眠歸途漫興　五首之一……一九
徐岱四首……一九
金谷巖……一九
夏夜坐月……二〇
家大人還自白下取道石溪因
探浮渡之勝……二〇
臘月掃外祖新冢……二一
徐宣一首……二一
題張敦復遠峰亭……二一
徐廷鈞一首……二二
將之蘭州留別姚鑾伯……二二
徐廷錦一首……二二
鳳陽道中……二二
徐心誠一首……二三
與六階夜话……二三
徐映瓏一首……二三
建德道中……二四
徐眉二十八首……二四
宿田家夢訥庵……二五
浮山次雷半窗韻……二五
題種菊圖贈許子蒼懷……二六
寄姚甫申閩中……二六
夜坐……二七
早行……二七
寄段肯堂　三首之一……二七

紫霞關……二八
寄懷鄧湘亭……二八
送友人金匱……二九
聞　雁……二九
贈别陳飲蘭……二九
寄段肯堂……三〇
遊浮山……三〇
杏　花……三一
無　題……三一
過邯鄲……三一
題　畫……三二
青陽道中……三二
寄甫申……三二
題梁溪放棹圖送姚師洛遊
姑蘇……三三
紅豆詞和禮世子原韻……三三
徐　琳一首……三三
雪……三四
徐春植五首……三四
秋夜旅懷……三四
和姚硯山述懷　四首之一……三五
晚　眺……三五
詠　史……三五
睡　起……三六
徐　立二十一首……三六
秋日同楊旭升遊龍華寺即贈
德公上人……三六
汝勤六弟生日前夕侍從祖母

王太宜人家筵……三七
銅陵夜泊……三八
鹽場即事……三八
春日送姚石甫江上未值小憩
舟中作……三九
贈方月槎孝廉……三九
卧病鄞江署齋盼晴棠翼雪两
弟瀛門大姪不至却寄……三九
海樓弟來明州……四〇
鄞江舟中……四〇
贈錢三悔軒……四〇
送文江兄歸省　二首之一……四一
舟夜不寐……四一
華嚴堂　擬蘇潁濱龍眠山莊二
十詠之二……四一
鵲　源……四二
泊裕溪……四二
泊秦淮……四二
友心弟三十初度……四三
客杭州重陽市菊　二首之一
……四三
琴　溪……四三
新豐道上……四四
黻十一首……四四
七夕曲……四五
遊隱仙庵……四五
詠羅漢松……四六
春日憶西湖示葉子溶……四六

徐

蟬……四六

西湖春詞　三首之一……四七

春雨憶孤山梅花……四七

送文江大兄歸里……四七

秋日園居　二首之一……四八

悼亡　八首之二……四八

卷三十六續編

馬樹華　蘇惇元　同録

王櫄　胡淳　蘇求敬　馬起益　同校

徐璈九十七首……四九

與諸子集北園石甫阻雨不至……五〇

晨起……五一

偕姚薑圃寶秋厓過萬壽寺……五一

偕姚伯山張小阮遊西山宿圓照寺……五一

偕郝蘭皋懿行朱蘭坡珔胡墨莊承珙胡竹村培翬胡小東方朔遊萬柳堂設祭漢鄭君……五二

三山夾感懷亡友張阮林……五二

擬古……五三

酬鮑覺生侍郎……五四

空山讀易圖……五四

文殊院……五四

馬星房邀同端木鶴田遊道場

山二首……五五
入都發白砂嶺……五五
宿州道中感懷……五六
汪西谷先生黄山篆册爲孟慈
同年題……五六
題姚石甫清心消息圖……五七
遊雁蕩山……五七
遊嵩山雜詩　八首之四……五八
哭亡兒巀　五首之二……五九
早秋偕諸子集海會院藐山方
丈即事述懷……五九
湘絃怨……六〇
女牽船行……六〇
韓　瀧……六一
越田水輪歌……六一
峩嵋松行爲吴岳卿賦……六二
讀明史功臣傳……六三
偕張問繻孫子雋吴迪卿王子
仲過江竹泉村墅……六三
遊黄山用吴子華原韻……六四
寄端木鶴田……六四
天壽山明陵……六五
將去壽昌赴臨海述懷誌别
……六六
遊天台山用王荆公登高齋韻
示王海樓……六七
朱雲圃觀耕圖……六八
畫梅樓圖……六八

偕芥生植之匡叔元伯集姚伯山南園分韻得數字用東坡
寄劉孝叔詩韻……六九
遊華山寄聿元……七〇
岳鄂王精忠研同王慈雨吏部賦……七一
六盤頂望皋蘭山雪……七二
自題觀釣圖……七二
與栗原詠之晚步玉河橋……七三
郭外……七三
清明日與馬元伯張阮林姚伯山馬伯顧胡小東家詠之遊釣魚臺……七三
浮湘 六首之四……七四
釣臺……七五
院外逐涼……七五
惠山泉……七五
石門洞劉文成公祠……七六
贈別王元初廣文……七六
寄懷光栗原……七七
荻蒲 江南畫景十二首之一……七七
過朱作舟村墅……七七
偕夏朗齋吴子華江晉三王子仲登斗山亭……七八
會稽……七八
曉登岱頂……七八
秋日建德舟行……七九

秋日同顧鄭鄉趙芑堂陶靜園
吴杉客張彙堂吴蓉堂孔延
之飲巾峰不浪舟時由臨海
赴省即以誌别 …… 七九
永嘉尋謝康樂游處 …… 八〇
過桃花嶺示裘香珊 …… 八〇
吴伯揚由金陵赴九江張子畏
郡幕 …… 八一
途中寄聿元詠之兩方伯 …… 八一
驪山客館 …… 八一
咸陽懷古 …… 八二
寄金香海太谷 …… 八二
題馬元伯二十九歲小照 …… 八二
歲暮感懷 …… 八三
過北園感懷方竹吾 …… 八三
山中 …… 八三
華山絶頂萬年松攜到都中植
之盆石 …… 八四
園居 三首之一 …… 八四
西湖雜詠 十首之四 …… 八四
見邯鄲道中題壁 …… 八五
文殊院曉起觀雲海 …… 八五
吴興舟中 …… 八五
泊吴江 …… 八六
池口阻風 …… 八六
冒雨遣隸人乞竹種之即酬洪
丹霞廣文 …… 八六
署齋初夏 …… 八七

華陰道中……八七
安定阻雨……八七

卷三十七

王檁　馬起升　馬起益　同校

彭大年四首……八八
曉發……八八
滁州西澗限韻……八九
出城見寇焚讀書處……八九
除夕……九〇
彭纘三首……九〇
喜得汪徵吾消息……九〇
寄懷施尚白……九一
同何省齋飲徐寧庵蔡抑庵兩憲副園中……九一
白鈞一首……九二
雪後早發……九二
白篆一首……九二
客中聞布穀……九三
白瑜三首……九三
浮海南還……九四
送方仁植撫楚……九四
五旬偕門人農父爾止密之江口客度……九五
都克任二首……九五
七夕……九五
同友人納涼文昌閣……九六
蔣臣七首……九六

感遇贈劉伯宗……九七
投贈王念尼兼用惜別……九八
讀心史題後……九八
劉憲石招遊虎丘奉答（明詩綜選）……九九
庚辰秋杪客清湖所期不至拈壁間韻（明詩綜選）……九九
客清湖戲拈壁間韻……一〇〇
贈人……一〇〇
蔣蕙二首……一〇〇
園居……一〇一
贈姚司馬之任開化……一〇一
蔣楠二首……一〇一
至杭州……一〇二
答友人（十首之一）……一〇二
陶佐四首……一〇二
乙酉書齋雜興（六首之二）……一〇三
華嚴寺……一〇三
宿山家……一〇四
陶剛三首……一〇四
飲外祖吴鯉翁家……一〇四
曉起……一〇五
樅江訪丁漢公不值……一〇五
陶立二首……一〇六
登西風崖……一〇六
過吴鳳翥夜話……一〇六
陶傳書六首……一〇七

孤燈聽雨圖……一〇七
山居……一〇八
落花……一〇八
春暮偶成……一〇八
謁寶公祠……一〇九
桃源圖……一〇九
蘇文煒三首……一〇九
泛舟有懷……一一〇
即事……一一〇
懷張康生……一一〇
蘇紹眉一首……一一一
暮歸……一一一
蘇繩武二首……一一二
過戴先生龍眠故居……一一二
送程鞾坡之池州……一一二
蘇懷玉六首……一一二
過龍偕舟山莊遇雨……一一三
壽姚虞升先生八十……一一三
館樓獨坐……一一四
壽表弟鄧念祖……一一四
感懷……一一四
訪友人山居……一一五
蘇芹一首……一一五
書樓……一一五
蘇烺二首……一一五
贈山中處士……一一六
詠蒲劍……一一六
蘇暢實三首……一一六

遠峰亭春望應張野堂師教 …… 一一七
汪稼門守蘇州寄惠書扇作此謝之 …… 一一七
怡園雜詠　六首之一 …… 一一八
蘇　廉三首 …… 一一八
和龍潤生遷居元韻 …… 一一八
七月廿七日夜懷整卿弟 …… 一一九
雨後餞應鄉試諸君 …… 一一九
蘇坦之五首 …… 一一九
登嚴子陵釣臺 …… 一二〇
訪胡允升不遇 …… 一二〇
桃林小飲 …… 一二〇
賀拙風兄又新莊落成　四首之二 …… 一二一
蘇　芬二首 …… 一二一
泊采石磯 …… 一二一
春遊 …… 一二二
蘇　蕃二首 …… 一二二
詠菊　三十首之二 …… 一二二
蘇求臨一首 …… 一二三
野望 …… 一二三

卷三十八

蘇惇元　胡淳
蘇求真　馬起益　同校

鮑仲熊一首 …… 一二四
盛蓮生爽園 …… 一二四
鮑　文七首 …… 一二四

山行即事……一二五
酬劉樵峰兼令弟姪暨錢何諸子……一二五
金谷岩……一二五
送方如川往粵東……一二六
秋望……一二六
遊星落石 二首之一……一二六
訪友人不值……一二七
鮑鼎一首……一二七
江上懷古 四首之一……一二七
鮑鎔一首……一二七
登和州城樓……一二八
鄭邦綏二首……一二八
懷壽春楊敏生……一二八
和友人山居……一二九
鄭甯一首……一二九
秋日懷方井公……一二九
祝祺五十首……一三〇
禽言……一三一
雜詩 七首之二……一三二
夜坐寄山中人……一三二
山中訪友不遇……一三三
相如……一三三
柬方還山先生……一三四
五烈墓……一三五
江南曲……一三六
觀姚經三畫山水歌……一三六
洲上蘆花歌……一三七

黄公祠 …… 一三七
皖江 …… 一三八
同馬一公宿竺公精舍 四首之二 …… 一三九
讀宋遺民録 二首之一 …… 一三九
夏日項于盤姚經三小集樸巢 …… 一四〇
金陵寒食 …… 一四〇
感賦 …… 一四一
樸巢冬日 …… 一四一
江村即事 …… 一四二
遊古林寺 …… 一四二
感懷 六首之一 …… 一四三
雜感 五首之一 …… 一四三
夏日即事 …… 一四四
憶在 十首之一 …… 一四四
杜鵑 …… 一四四
輓方井公 …… 一四五
壽吴易水鍊師八十 …… 一四五
方還山先生有秦中之遊詩以送之 …… 一四五
秋日遊北山 二首之一 …… 一四六
吊竇公 …… 一四六
篪響 六首之一 …… 一四七
試歸感賦 …… 一四七
送吴子楷之霍山 …… 一四八
飲古垌侯宅送王鑒公之閩 …… 一四八

秋感 三首之一……一四八
移居……一四九
鷓鴣……一四九
寄宿松黃有虔……一五〇
江行……一五〇
夏日山居……一五〇
探梅 四首之一……一五一
七夕……一五一
贈賣刀者……一五一
送王鍾豫還里……一五二
感舊……一五二
社日……一五二
金陵竹枝詞……一五三
田家樂 二首之一……一五三

曾旭二十四首……一五三
古詩……一五四
謁武侯廟……一五四
詠懷雜詩……一五五
汲水行……一五五
恭送大人之蓼州……一五六
雅州雜詩……一五六
送錢田間先生赴宛平相國之招……一五七
過李芥須先生墓……一五七
過徐昭法先生澗上草堂……一五八
登成都城樓……一五八
漫興……一五八
病中雜詩……一五九

山　市……………………………………一六〇
濕州道上……………………………………一六〇
曾梅三首……………………………………一六〇
擬青青河畔草……………………………………一六〇
柳枝詞……………………………………一六一
旅館餞春……………………………………一六一
嚴紳十八首……………………………………一六一
過丁龍山草堂喜得見先君
墨蹟……………………………………一六二
喜張雁民見過　二首之一……………………………………一六二
王印溪同遊浮山　四首之二……………………………………一六三
同吴止白黍坪坐雪分得紅
字……………………………………一六三
送耕泉弟　三首之一……………………………………一六四
鉛山道中……………………………………一六四
寓居水明樓同寺僧息凡對
月……………………………………一六四
訪許古鵲……………………………………一六五
雜　詩……………………………………一六五
哭劉圭峰……………………………………一六五
盆　松……………………………………一六六
夜　雨……………………………………一六六
新秋子夜歌　六首之一……………………………………一六六
同吴止白許古鵲遊黄華寺
……………………………………一六七
恰　恰……………………………………一六七

月夜聞笛有感　二首之一……一六七
嚴
暮春同許書林左一松龍眠
即事　四首之一……一六八
青十三首……一六八
與友人論詩　三首之一……一六九
寄從兄禹谷……一六九
左忠毅公祠　二首之一……一六九
雙溪送友之秣陵……一七〇
先　生……一七〇
寫　懷……一七〇
曉　發……一七一
酬柳溪……一七一
留别安三兄……一七一
閨　情……一七二
臨清閣落成　二首之一……一七二
悼　亡　五十首之二……一七二
嚴
琦三首……一七三
友人書屋……一七三
罌　粟……一七三
昭　君　二首之一……一七四
董
威七首……一七四
雨　止……一七五
早起見白鷺……一七五
過田莊……一七六
歸魯栱山……一七六
初夏雜興……一七六
贈山中老人……一七七

暮秋晚眺……一七七
董　咸六首……一七七
春初送趙梅瞻西山讀書……一七七
贈胡吟菊……一七八
送漢儒弟之蘇州……一七八
吕泉山莊……一七八
春日山莊雜興……一七九
山莊題壁……一七九
董定遇五首……一七九
浮山一線天……一八〇
秋日過田家……一八〇
三慧庵納涼……一八〇
舟　夜……一八一
石塘途中遇雨……一八一

卷三十九

王　檭　胡　淳
蘇求莊　同校

臧天格一首……一八二
漫　題……一八二
厲　貞一首……一八二
簡友人……一八三
厲　吉一首……一八三
簡友人……一八三
項紹芳一首……一八四
四月八日南海子引見……一八四
項紹烈一首……一八四
有　感……一八四
項　斌一首……一八五

偶　感……一八五
柏廷植一首……一八五
雪……一八五
杜　陵一首……一八六
新　茗……一八六
許來惠三首……一八六
盧溝橋……一八七
誰家郎……一八七
無　題……一八八
許定國一首……一八八
白雲巖同吴湯日先生宴坐
偶述……一八八
許元英一首……一八九
過友人留飲……一八九
許七雲十首……一八九
西湖寄起鳳姪……一九〇
山居雜興……一九〇
遊浮山……一九一
鑑湖舟中……一九一
越遊雜詩　十六首之一……一九一
欅谿吟　三首之一……一九二
泊京口……一九二
紹興留别劉圭峰阮世基……一九二
喜殷翼舉癸巳春榜孝廉……一九三
晚　晴……一九三
許　邁二首……一九三
夜過金山……一九四
重過無錫……一九四

許　鐄五首……一九四
題會同巖屋寺壁……一九五
板子磯……一九五
録晚香玉……一九六
偕楊米人司馬春遊……一九六
溪山訪友圖爲查琴伯題……一九六
許新堂二首……一九七
石羊城……一九七
大上方……一九七
許凌雲一首……一九八
寄　友……一九八
許　恒二首……一九八
九曲口……一九八
秋　興　二首之一……一九九
許貽發二首……一九九
舟次北固山下……一九九
龍泉庵……二〇〇
許　節十二首……二〇〇
徐鹿柴書室落成詩以贈之……二〇〇
秋　夜……二〇一
風　蔦……二〇一
雁　聲　秋夜四聲之一……二〇二
過揚州……二〇二
登平山堂……二〇二
采茶竹枝詞……二〇三
題觀釣圖……二〇三
重遊泮宫……二〇三

明妃……二〇四
許藎臣十一首……二〇四
李龍眠四賢圖……二〇四
暮春極目……二〇五
憶家……二〇五
過清水塘感舊……二〇六
杞縣曉發……二〇六
閨思……二〇六
浮山夕照 八首之一……二〇七
練潭端午竹枝詞 四首之一……二〇七
絶句 三首之一……二〇七
過陡岡……二〇八
遣悶 六首之一……二〇八
許準七首……二〇八
即目……二〇八
陵陽東郭古柏禪院……二〇九
登鎮海城樓……二〇九
天台心如庵題壁……二一〇
山居雜興 十二首之一……二一〇
集聚星齋依蔣晴江韻 六首之一……二一〇
贈張小巔 四首之一……二一一

卷四十

葉文豹 胡淳 蘇求莊 同校

金文瑛一首……二一二
江上聞笛……二一二

金楫一首 …… 二一二
茉莉 …… 二一三
金璞玉一首 …… 二一三
湘陰王氏小江園集杜 …… 二一三
金之玉三首 …… 二一四
夜泛 …… 二一四
遊西巖寺 …… 二一四
晚過田家 …… 二一五
金賡一首 …… 二一五
呈王小坡太守 四首之一 …… 二一五
疏萬清一首 …… 二一五
元日憶章掄元 …… 二一六
疏枝春三十三首 …… 二一六
田舍 二首之一 …… 二一七
雜詩 四首之一 …… 二一七
舒曉山畫龍歌 …… 二一八
齊雲巖送嚴少府歸桃源 …… 二一八
聽方莘南歌詩 …… 二一九
秦淮旅邸胡坦齋邀分韻花下奉懷姚夢穀夫子 …… 二二〇
谷林寺訪釋浣埃不值兼懷憨上人 …… 二二一
別華陽道人吳雲 …… 二二一
黃陂道中懷馬稷甫進士宗璉 …… 二二一
贈左便人明府 …… 二二二
過張瓶山夫子故居 …… 二二二

過孟連城山居非襲……二二二
九華僧舍呈周紉齋先生……二二三
采石三元洞……二二三
清溪別姚錫九喬齡許次庵
準張持戴元禮諸友人……二二三
同左叔固張絅齋話舊……二二四
雜感 三首之一……二二四
呈姚夢穀夫子 四首之一
……二二四
同馬魯陳宗璉姚根重持衡
登孫楚樓……二二五
九華道上贈張錫賡元宰……二二五
落花 十首之二……二二五
高巖……二二六
擬古 六首之一……二二六
樅陽渡……二二六
白雁……二二七
南唐宫詞 七首之二……二二七
宜城竹枝詞 十首之二……二二七
同項望間許涵中由儀真抵
白下 三首之一……二二八
別徐六階眉……二二八
題楞巖歸隱圖壽雲畦舅氏
……二二八

施霈霖二首

施霈霖二首……二二八
送人……二二九
遊白雲巖……二二九

魏

書一首……二二九

冬日過友人留飲……二三〇
陸　芝二首……二三〇
同友人遊中方寺……二三〇
春日過望龍禪院懷同學諸子……二三一
談松筠三首……二三一
湖上晚步……二三一
客中感懷……二三二
春　暮……二三二
鍾鳴世三首……二三二
雪後晚興……二三三
元旦日剩溪看梅……二三三
雨中梅花……二三三
顧　恂五首……二三四
寫　懷……二三四
送胡澹泉之梁溪……二三四
秋夜五畝園小集聽張野人醉歌……二三五
白銅鞮……二三五
訪義之上人不遇……二三五
鄒世諭五首……二三六
出　門……二三六
萍　蹤……二三六
晨　起……二三七
野　梅……二三七
問牡丹……二三七
梁　芬四首……二三八
讀史雜詩……二三八

史　培五首……………………二四〇
寄懷雪庵上人……………………二四〇
歷下聽雨園次友人韻……………………二四一
旅店即事……………………二四一
大明湖泛舟……………………二四一
黔省姜廉訪署宴集賞荷次
洪學使韻　四首之一……………………二四二
史春江三首……………………二四二
舟　行……………………二四二
春　遊……………………二四三
遊白雲巖……………………二四三
任又班二首……………………二四三
廣　州……………………二四三
夜　泊……………………二四四
崔　岩十二首……………………二四四
杜　門……………………二四五
過龍門洞……………………二四五
酷　熱……………………二四六
訪唯徹上人不值……………………二四六
除　夕……………………二四六
由六安至霍山道中……………………二四七
遊浮山　四首之一……………………二四七
悲　秋……………………二四七
桐柏縣……………………二四八
謁太昊陵……………………二四八
南陽懷古……………………二四八
春　日……………………二四九
喬夢梅四首……………………二四九

春日過吴芥庵山莊不遇 …… 二四九

春　閨 …… 二五〇

齋頭古松 …… 二五〇

寄懷方長孺　二首之一 …… 二五〇

雷　澤一首 …… 二五〇

望嶧山和屠瀛山韻 …… 二五一

儲世鳳二首 …… 二五一

喜菊人過訪 …… 二五一

月夜聞鐘 …… 二五二

龍海門五首 …… 二五二

瀟湘妃子葬花圖 …… 二五二

翠微亭至隨園 …… 二五三

彤甫招飲 …… 二五三

贈方曉芸　四首之一 …… 二五四

沈五樓仙源問渡圖　六首之一 …… 二五四

龍汝言二十首 …… 二五四

山　中 …… 二五五

雜　詩 …… 二五五

冉冉孤生竹 …… 二五六

明月何皎皎 …… 二五六

晉白紵舞歌 …… 二五七

章臺曲 …… 二五七

時巡淀津恭集味餘書室詩句進呈　六十首之二 …… 二五八

訪童秋華 …… 二五八

斜　陽 …… 二五九

曉出皖城 …… 二五九

北峽關…………二六〇
送李蘭卿出守思恩…………二六〇
晚眺…………二六〇
買花圖…………二六一
即目…………二六一
春詞 八首之一…………二六一
春日雜詠 十四首之三…………二六二
文光榮二首…………二六二
雨後…………二六二
湖堤即事…………二六三

卷四十一

方聞 蘇惇元
吴元甲 馬起益 同校

列女

吴氏令則二首…………二六四
春日病起…………二六四
憶玉之 明詩綜選 御選明詩録…………二六五
吴氏坤元三首…………二六五
戊子仲春夏氏婦三十初度詩以示之…………二六五
贈居巢張夫人…………二六六
寄敦復張夫人…………二六六
吴氏令儀四首…………二六七
寄潛夫夫子時謁選主爵…………二六七
遣懷 御選明詩録…………二六七
江上久泊…………二六八
夜 明詩綜選 御選明詩録

……二六八

吴　氏二首……二六八

詠　史……二六八

吴中芸三首……二六九

哭　子……二七〇

又……二七〇

新　柳四首之一……二七〇

吴孟嘉五首……二七一

詠　懷……二七一

四　皓……二七一

孟城坳和右丞輞川詩二十首

之二……二七二

辛夷塢……二七二

寒　食……二七二

吴娍娟一首……二七三

秋日寄家大人……二七三

吴娍娟一首……二七三

春日即事……二七三

姚氏鳳儀五首……二七四

初　月……二七四

春日寄懷仲兄集侯……二七四

九日憶夫子……二七五

春日遣懷……二七五

夫子初度哭之……二七六

姚氏鳳翽三首……二七六

七　夕……二七六

題　扇……二七七

蟂磯吊孫夫人……二七七

姚氏宛四首 …… 二七七
初　春 …… 二七八
病中呈子藝 …… 二七八
悼小鬟 …… 二七九
姚　氏六首 …… 二七九
兹　園 …… 二八〇
植　松 …… 二八〇
種　竹 …… 二八〇
蒔　荷 …… 二八一
分　菊 …… 二八一
倚嵐軒 …… 二八一
姚氏德耀五首 …… 二八一
姬傳姪館選集放翁句誌喜 …… 二八二
秋　怨 …… 二八三
叔父歸園守贛告歸 …… 二八三
至夫弟樂山丹徒官署 …… 二八三
渡　江 …… 二八四
姚氏綺霞三首 …… 二八四
立　秋 …… 二八四
七　夕 …… 二八五
對　鏡 …… 二八五
姚氏如蘭二首 …… 二八五
秋　夜 …… 二八六
紈　扇 …… 二八六
方氏孟式二十一首 …… 二八六
四牡夫子行役志思也　御選明詩録 …… 二八七

破　癡……………………………………二八七
題劉阮天台圖　御選明詩録……………二八八
初　夏　御選明詩録………………………二八八
午　夢　御選明詩録………………………二八九
寄任夫人　明詩綜選　御選明詩録………二八九
秋　興　明詩綜選　御選明詩録…………二八九
病中思歸　御選明詩録……………………二九〇
寄盛夫人　御選明詩録……………………二九〇
和外黄鶴樓…………………………………二九一
春日隨任建甯過東林寺　御選明詩録……二九一
山路雜興　御選明詩録……………………二九一
春　怨　御選明詩録………………………二九二
江上聽潮　御選明詩録……………………二九二
芝城寄女　御選明詩録……………………二九二
悼　女………………………………………二九三
憶　舊　明詩綜選　御選明詩録…………二九三
两頭纖纖詩　御選明詩録…………………二九三
田家樂　六言　御選明詩録………………二九四
方氏維則四首………………………………二九四
關山月………………………………………二九四
樓中野望……………………………………二九五

題　竹　明詩綜選　御選明詩録……二九五
寄弟爾止客白門……二九六
方氏維儀二十二首……二九六
傷　懷　明詩綜選……二九七
死別離　明詩綜選……二九七
擬　古……二九八
芳山歌　御選明詩録……二九八
南浮十五夜……二九九
出　塞　明詩綜選　別裁集選……二九九
旅夜聞寇　明詩綜選　別裁集選……三〇〇
三歎詩　六首之一……三〇〇
憶金陵諸姊　御選明詩録……三〇一
獨歸故閣思母　明詩綜選　御選明詩録……三〇一
暮春得張夫人書　御選明詩録……三〇一
寄山東何方伯夫人之廣西　御選明詩録……三〇二
秋後作……三〇二
慕　亭……三〇三
月　夜……三〇三
過石磯　御選明詩録……三〇三
北　窗　御選明詩録……三〇四
看　梅……三〇四

楚江懷吴妹茂松閣 明詩綜選 ……三〇四
御選明詩録
春　庭 御選明詩録 ……三〇五
春　雨 御選明詩録 ……三〇五
田家行 ……三〇五
方氏御二首 ……三〇五
登　樓 ……三〇六
舟中有感 ……三〇六
方氏筠儀一首 ……三〇六
檢先夫遺草 ……三〇七
方　氏一首 ……三〇七
畫牡丹並題詩 隨園詩話 ……三〇七
方氏雲卿十三首 ……三〇八
楊柳篇 ……三〇八
銅雀臺 ……三〇九
擣衣曲 ……三〇九
吴山人 ……三一〇
暮春即事 ……三一〇
江村即事 ……三一一
聞鶯有感 ……三一一
明妃怨 ……三一一
題　畫 ……三一二
春閨詞 ……三一二
送　行 ……三一二
遊　仙 ……三一三
茅　屋 ……三一三
左氏如芬七首 ……三一三

初夏……三一三
菊月夫子北上詩以言別……三一四
夜坐懷夫子……三一四
詠柳……三一五
閒居……三一五
暮春即事……三一五
秋夜夫子赴芸圃酌酣飲達旦……三一六
左慕光二首……三一六
感懷……三一六
書閨秀葉柏芳詩後 見春草堂詩話……三一七
潘氏翟二首……三一七
病中……三一七
哭夫子 六首之一……三一八
潘氏二首……三一八
古意……三一八
對月懷夫子揚州……三一八
陳氏舜英二首……三一九
憶伯兄濬陽時老母寄居都門……三一九
同二女夜坐……三一九
章氏有湘八首……三二〇
呈清芬閣姚夫人……三二〇
九日雨中有感……三二一
曉思 別裁集選……三二一
秋懷……三二一
雨中即事……三二二

別四叔母……三二二
婕妤怨……三二二
思　歸……三二三
張　氏一首……三二三
病中口占（別裁集選）……三二三
張氏瑩十三首……三二四
見　月……三二四
夜泛菱湖……三二五
和合山山居四時樂……三二五
呈合山夫子……三二六
乙巳春仲送外之宣府……三二六
聞合山述塞景……三二七
暮春憶外省侍壽昌……三二七
九日懷遠……三二七
寄合山……三二八
病　中……三二八
雨阻行期……三二八
代閨怨……三二九
張氏似誼二首……三二九
江雨感懷……三三〇
春暮感懷……三三〇
張氏令儀二十三首……三三〇
擬　古……三三二
不　寐（別裁集選）……三三二
風雨夜聞歌吹聲……三三三
賜金園雨後即事……三三三
苦　雨……三三四
秋日登樓……三三四

幽居雜詠 三十首之二 …… 三三四
七夕 …… 三三五
小院殘春 …… 三三五
夜坐 …… 三三六
數時食不繼書此示子女 …… 三三六
五畝園鶴 別裁集選 …… 三三六
惆悵吟 四首之一 …… 三三七
讀金石録後序追悼李易安 …… 三三七
雙溪感舊 六首之一 …… 三三七
讀史雜詩 二十四首之二 …… 三三八
過青陽 三首之一 …… 三三八
哭夫子 二十首之二 …… 三三八
步姑蘇女仙碧篠降乩原韻 …… 三三九
張氏潤芬一首 …… 三三九
即事 …… 三三九
張氏瑞芝一首 …… 三四〇
送秋 …… 三四〇
張氏玉芝一首 …… 三四〇
無題 …… 三四一
張氏愛芝二首 …… 三四一
晚眺 …… 三四一
絶句 …… 三四一
張氏熙春六首 …… 三四二
聞雁 …… 三四二
送十婿道平赴廣西 …… 三四二

苦　雨……三四三
觀野晚烟……三四三
春日游東皋……三四三
次四婿宇春登大觀亭原韻……三四四
江氏瑶六首……三四四
夜　話……三四五
雨窗偶成……三四五
晚亭即事……三四五
聞　鵑……三四六
野薔薇……三四六
題　畫……三四六
馬氏三首……三四七
春暮即事……三四七
丙寅元旦……三四七
夏日睡起……三四八
胡氏師藴三首……三四八
書　懷……三四八
晚　步……三四九
襄陽舟發……三四九
劉蕙閣一首……三四九
雨　夜……三五〇
程氏令嫒五首……三五〇
楊　柳……三五〇
秋　草……三五一
移　花……三五一
驟　雨……三五一
楊　花……三五二

卷四十二

蘇惇元　吴元甲
馬起益　同校

方外
羽士
吴道隆三首……三五三
謁黄公祠　明詩綜選……三五三
遊齊山……三五四
王鳳鳴三首……三五四
山居……三五五
登白鶴峰……三五五
訪友人山居……三五五
衲子
净倫二首……三五六
次喬武庫縉金山勝覽韻　御選明詩録……三五六
松陰小憩……三五六
洪恩十一首……三五七
夜泊慈姥磯登絶頂坐月……三五七
秋日過蓀谷訪石公……三五七
雨過即事　御選明詩録……三五八
冶父山居……三五八
望亭飯僧作　四首……三五八
只樹庵……三五九
德清四首……三五九
遊浮渡歌……三六〇
舟行……三六一
抵廣州寓海珠寺……三六一

寄浮山澹居鎧公……三六一
本智一首……三六二
坐木蓮閣……三六二
佛光一首……三六二
亂後歸浮山草堂……三六三
行岡一首……三六三
同何無咎游江心寺……三六三
大巇一首……三六四
舒城渡河……三六四
如清七首……三六四
早春送印弟過九華訪青蓮社友……三六四
憶廬山舊居……三六五
山宿宗老人房……三六五
別岷嶽弟……三六六
謝中隱居士雨後見過……三六六
送剡水公賫錫類法檀上博山……三六六
答客問小徒到家消息……三六七
存省二首……三六七
陶谷……三六七
喜雨……三六八
大甯十二首……三六八
山中雜詩……三六八
寄方羽南……三六九
答訪魏惟度……三六九
送安士之湖上……三七〇
雪夜示劈雲……三七〇

寄胡柏庵……三七一
懷木立和尚……三七一
題畫……三七一
雜詠……三七二
秦淮曲……三七二
贈陳滌岑樞部……三七二
明雪二首……三七三
天台桃源洞……三七三
青石塢山居……三七三
性華十四首……三七四
訪定峰大師……三七四
能隱……三七五
冬日坐維歷書樓……三七五
過友人園亭……三七五
再過山園……三七六
七佛庵……三七六
偶成……三七六
秋懷……三七七
山居春晚和侑堂禪師……三七七
寄懷龍泉庵甯峰上人……三七七
寄劉臣向……三七八
雨中正甫馭三集公采儀光仲天如見過小酌……三七八
山居消夏……三七八
雁……三七九
海斑二首……三七九
登投子山和韻……三七九
過三慧庵訪古達師拈翠旭

韻……三八〇
音可一首……三八〇
柬趙以贊居士……三八〇
音時三首……三八〇
中秋雨霽……三八一
何木末過訪……三八一
春日方還青居士過訪……三八二
智操十首……三八二
訪幽人……三八三
中秋次韻贈錢牧翁……三八三
曉泛太湖……三八四
雲門漫興……三八四
舟中值雪次老人韻……三八四
和古庭公秋日見寄……三八五
訪何山幽禪寺……三八五
訪梅村吴祭酒……三八五
送客……三八六
樅陽道上……三八六
興斧三首……三八六
陪李銓部遊白鷺洲……三八七
秋日哭方還山少府……三八七
宿遷客舍……三八八
元澤一首……三八八
喜晤素九上人次韻……三八八
雨花一首……三八九
浮渡留贈淳平上人……三八九
道楷一首……三八九
寄查太史……三九〇

萬清十首……三九〇

毗陵夜泊時同岳宗和尚之越中訪姚觀察息園……三九一
丹陽道中……三九一
金城曉發與岳兄驢背限韻……三九一
懷岳宗和尚……三九二
懷文邑侯素庵次見寄原韻……三九二
半檐岳宗兩社兄見過闕前分韻……三九二
山居……三九三
寄懷安國應山和尚……三九三
贈別雪鴻和尚……三九三
寄懷理安迦陵和尚……三九四

源慎十五首……三九四

和鶴林胡公用陶詩歸園田韻……三九四
和張居士韻……三九五
雨阻不果和蠡亭先生韻……三九六
答和吴仲約先生見寄原韻……三九六
苦雨漫興……三九六
深雲庵晚眺……三九七
和雨後過訪韻……三九七
秋晚雜興和曦子韻……三九七
九日感懷……三九八
和憨幢書記韻……三九八

解悶……三九八
世
惺十二首……三九九
入龍眠……三九九
山村閒步……三九九
送勝躬歸里……四〇〇
游棲霞和程望川韻……四〇〇
寄方漱霞……四〇〇
雨中登水閣贈地藏慧公……四〇一
晤鮑質人……四〇一
遊龍門寺同友人作……四〇一
秋興和朗公韻……四〇二
留别馬西林……四〇二
贈鶴林恒松和尚……四〇二
實際寺客堂偶題……四〇三
景印桐舊集識語（光雲錦）……四〇五

卷三十六

王　櫺　胡　淳
蘇求敬　馬起益　同校

徐待聘二首

徐待聘　字養莘，崇禎間諸生，官浙江秀水主簿。潘蜀藻曰：『養莘博洽，有經濟才，因寇躪江北，棄官歸，適寇至其宅，乃大罵賊，遂遇害。生平著撰頗多，咸委灰燼矣。』璈按：崇禎之季，流寇往來桐境，其時禦賊駡賊以身殉者，若阮公之釬、左公光燦、左公旗、吴公晉昭、姚公孫榧、王公夷吾、趙公之棨、陳公力、笪公光宏，或紀其事於傳志，或祀其主於鄉祠。若吾從祖養莘公祠志無聞，賴蜀藻先生語，粗得其概。太史公曰：『閭巷之士，湮没而不稱者，何可勝道！』古今有同悲矣。

遥　情

寒氣連雲重，悲風入夜長。月修千竹影，烏戴滿城霜。積恨燈難照，遥情水一方。病中調息静，身世兩相忘。

寄友人山中

君遂入山願，良朋惜我稀。嶺雲任去住，城月自光輝。閉户宜〔一〕居士，何人識少微？杜鵑〔二〕啼劇處，彌望緑陰肥〔三〕。

校記：〔一〕『宜』，龍眠風雅作『一』。〔二〕『杜鵑』，龍眠風雅作『子規』。〔三〕『彌望』句，龍眠風雅作『梅子正初肥』。

徐友番五首

徐友番 字介子，號韋庵，順治時布衣，有韋庵集。潘木厓曰：『韋庵爲養莘之子，少負儁才，痛父死非命，遂絶意進取，隱居授經，所交皆當時知名士。』

山中寄諸社友

寂境飛光幻，流霞蒸夕陰。石喧辭樹葉，淵聚噪霜禽。草木傳幽性，滄桑堅道心。惜非梅嶺月，終夜照君吟。

訪十廟古蹟

攬勝集群媍，蒼茫接大觀。下方烟一片，何處辨長干？訪古空王在，登壇〔一〕法物寒。南朝多少寺，獨此〔二〕見衣冠。

校記：〔一〕「壇」，龍眠風雅作「臺」。〔二〕「獨此」，龍眠風雅作「此獨」。

冬日過訪劉次頡留宿古處書齋時白林招同爾止夜飲其宅

數椽松共竹，三徑未曾荒。因下故人榻，得登君子堂。教兒經自授，酬我意何長。風雨青燈暗〔一〕，鐘聲出外方〔二〕。

校記：〔一〕『暗』，龍眠風雅作『夜』。〔二〕此句，龍眠風雅作『談詩白髮揚』。

翠旭上人閉關西山偶步過訪出詩相示

烟霞浮郭外，紅樹獻秋山。衆響紛空界，真僧正閉關。好詩緣静得，俗累一閒删。相對無言意，拈花微笑間。

雨夜留宿古處館中

孤懷持向酒杯前，一榻還同風雨天。談到滄桑燈欲燼，夢回蕉鹿願多牽〔一〕。松因覆石添寒意〔二〕，雲愛〔三〕依山有静緣。自哂譾才〔四〕爲世棄，漁竿從此入輕烟。

校記：〔一〕『談到』二句，龍眠風雅作『談到機圓燈未燼，魂將誰對夢多牽』。〔二〕『添寒意』，龍眠風雅作『生寒色』。〔三〕『愛』，龍眠風雅作『必』。〔四〕『哂譾才』，龍眠風雅作『幸才疏』。

徐　翥十首

徐　翥　字羽先，號半僧，順治間布衣，有煮字齋集。程渭絲云：『羽先幼讀書，未卒業，家貧，以負販爲生。一日有人告之曰：「當有仙過。」羽先因候之，見有數人衣冠不類常人，因侍立其側。一人問羽先：「飢乎？」以朱果授之，羽先不肯食，懷之。老人問其故，曰：「歸以遺母。」其人曰：「子姑食之。吾再給汝。」因食之，及歸後，詩思蔚然，往往得驚人句，其所運用傳籍，多生平未讀書。論者以爲遇詩仙云。』鄧巔崖贈徐子詩云：『練川川畔老頑民，七十無家不當貧。記向隔江埋姓字，至今秋浦説詩人。煮字齋頭耐久朋，三年不見骨峻嶒。爲君謀得青麟髓，一首新詩一幅綾。』祝山如曰：『羽先詩多西崑體。池陽劉伯宗極稱其才。』

法華庵〔一〕

古道入招提，尋春好杖藜。茗題僧〔二〕性潔，香篆佛眉低。挂衲千松冷，回鐘萬竹齊。等閒方外侶，同此卜幽棲。

校記：〔一〕龍眠風雅詩題作法華庵觀諸衲禮懺。〔二〕『茗題僧』，龍眠風雅作『僧枯茶』。

宿月珠庵

谷中閒日月，遮莫度年光。水碓舂雲白，山巾裹霧黄。掃塵清鹿砦，留夢滿僧房。不繫浮生履，秋宵在上方。

春　村

老懶成何濟？居貧户不扃。村雞鳴野白，山鳥出林青。鐘杵聽晴梵，田冠坐曉屏。開函懷往事，含淚灑新亭。

秋夜潘蜀藻招同鄧顛崖小飲

聲光原託在編摩，曾擬〔一〕吴箋幾度哦。鴻爪香泥春有迹，鯉鱗〔二〕潭夢夜無波。且邀伯〔三〕道燒燈醉，莫唱南山種豆歌。身世蒼涼杯酌在〔四〕，當筵豈惜舞傞傞？

溫麗妍秀，可列之雁門集中。

校記：〔一〕『擬』，龍眠風雅作『搦』。〔二〕『鯉鱗』，龍眠風雅作『秋心』。〔三〕『伯』，龍眠風雅作『北』。〔四〕『身世』句，龍眠風雅作『我藉同人圖一聚』。

歸橫山寄還巔崖〔一〕

橫山雲接北山雲，別後離思半屬君〔二〕。任俠猶吟〔三〕豪士賦，居貧難却送窮文。茶箋每帶圖經注，酒德閒將佛偈分。惟快汗駒馳蹀躞〔四〕，冠時獨出總蘭筋〔五〕。

校記：〔一〕龍眠風雅詩題作歸橫山寄還顛厓兩詩壇。〔二〕『離』，龍眠風雅作『無』；『半屬』作『不是』。〔三〕『猶吟』，龍眠風雅作『仍推』。〔四〕『惟』，龍眠風雅作『更』；『馳蹀躞』作『深踐雪』。〔五〕『冠時』句，龍眠風雅作『名場歷塊有蘭筋』。

寄姚揆采

青峰隨意選江涯，衣帶風儀各自賒。隱士小山招桂樹，伊人秋水溯〔一〕蒹葭。畫成林月將圓〔二〕影，筆補園〔三〕畦未種花。幾度看君騷屑甚，欲從天際浣〔四〕明霞。

校記：〔一〕『溯』，龍眠風雅作『詠』。〔二〕『圓』，龍眠風雅作『完』。〔三〕『園』，龍眠風雅作『荒』。〔四〕『浣』，龍眠風雅作『挽』。

同友人郊外賞菊〔一〕

水浮雲氣竹分幽，招得同人盡日留。籬有黃花方載酒，野無紅葉不成秋。溪聲遠下沉餘響，夕照光摇影漸收。底是烟霞〔二〕閒筆墨，頃時圖寫〔三〕古風流。

點綴秋光，惟賴紅葉，四語精確。

校記：〔一〕龍眠風雅詩題作鄭介繁攜酒同祝山如齊然四郊外賞菊。〔二〕『烟霞』，龍眠風雅作『性情』。〔三〕『寫』，龍眠風雅作『出』。

閨　怨

鸚哥喚起近妝臺，手撒烏雲委地開。何事欲梳猶且住，畫眉人去未曾來。

瘦却紅顔减玉肌〔一〕，藥匳推出理殘脂。閒思一種厭厭苦〔二〕，那得郎知只自知。

校記：〔一〕『瘦却』句，龍眠風雅作『瘦却容光减盡肌』。〔二〕『閒』，龍眠風雅作『回』；『厭厭』作『懨懨』。

觀釣

掄竿倚石水烟空，多少眠鷗狎釣筒。晚得春潮三尺鯉，沙頭沽酒一燈紅。

徐震一首

徐震 字扶九，號肇東，康熙間貢生，官安東教諭。

江行望鍾山

遠櫂指鍾阜，行行明鏡中。六朝青未了，二水碧涵空。塔影分殘照，蘆叢動晚風。獨憐沙際鷺，寂寞對孤篷。

徐鴻喆二十二首

徐鴻喆　字夔音，號半山，康熙間諸生，有十笏山房詩集。江磊齋十笏山房詩集序：『徐子種文績學，尤致力於詩。少居城，有田數畝，乃遷於鄉。久之，祝融驅宅，以啟佳城，又遷於龍眠、魯谼。然敦行力學，不與時趨，屢困棘闈，不售。每自放於山巔水涯之際，所如之境，一皆紀之以詩，或慷慨而激昂，或流連而婉約，或怨誹而不怒，或勁直而不撓，或寫物而如生，或託情而繾綣。發乎至情，關乎倫紀。以仁孝篤摯之心，溢而爲忠厚和平之韻。吾聞詩人少達而多窮，徐子雖經播遷，抑塞之餘而胸次豁達，若不足以困其心者，則天之窮以遇，固不能窮其山林丘壑之趣，而徐子於以不窮矣。』玄孫鏞詩集識後曰：『先高祖生平爲詩千餘首。康熙辛卯江磊齋大參序而刊之，至今百十二年，板漸漫漶，乃就中抄出三百三十首重付剞劂，庶以永其傳焉。』璈按：公原集甚富，久不獲睹。今本乃詠之守嘉興時重鐫。公詩標舉性情，豁爽心目，清絶滔滔，瞬然不滓。生平寢饌放翁集中，有讀陸云：『詩以樸能古，名非忠不存。』『南宫聞太史，北代切中原。』此非深於劍南者不能道也。集中七言律句，如『羹炊葛粉朝厨飯，火點松昉夜館燈』；『誰使高風脱幽谷，乍明曉日閃金衣』；『天各一方輕跋涉，年方三十負頭顱』；『瓜藤覆地還風緑，韭葉當門冒雨香』；『五日浮舟悲屈子，千年斑竹吊湘娥』；『市朝唾手功名易，雲壑藏身日月長』；『駒雖未齔先騰氣，龍自能飛勿點睛』，置之渭南集中，殆不復辨。公嘗捐范家岡地以營窀穸，堪輿家皆稱上美，磊齋先生所云吉壤也。蓋自公至贈榮禄數世，皆以質厚著稱，而皆困厄未遇。公悲憤詩有云：『豈乏大唐張左相，緑章誰與奏方干？』可想見當日抑塞之概，今乃食厥報於嗣世矣。

龍眠懷古

唐侯張照烈，桐始官主簿。甘澍禱桑林，率西龍眠滸。精誠貫上蒼，傾倒龍宫雨。中道溺洪川，滔滔泣田父。誓死烈夫人，溯流抱骸股。騎騌達九天，凌波逝洛浦。潭流澤萬年，山峙名千古。厥廟表雙徽，芳風扇蘭杜。曠代感難諠，古墓誌樵豎。

西村道中簡儀九

歸路藍輿醒别酒，愁心斜挂春堤柳。有意和風宛轉吹，無情流水奔騰走。匪但縈愁弱女腸，兼緣分惜良朋手。白鷗沙上看同盟，黄鳥林端争喚友。奈何两人異地居，縱復心知各被肘。絳帳辭家爲底忙，碧山寄廡吾何有。回首狂歌賭少年，彈指浮生羸老醜。卜宅何妨障四山，買鄰豈羨田千畝。數椽衡宇近桃花，墻下桑麻池上藕。重聯文社結詩壇，那復壺觴問升斗。嘯月吟風定不孤，鋤烟斸雨非無偶。朱陳兩姓便成村，耕讀兒童勤業久。欲爲鷦鷯擇一枝，輞川爲許同心否？

大觀亭次葉大中丞原韻

天地曠無際，江亭百尺高。吴山入屏障，楚水壯城濠。半壁巖疆峙，千軍守護牢。輶軒駐元老，登眺不辭勞。

四語偉健精切。

皖江塔

七級收全皖，摳衣眺絶巔。鳥飛戾平地，帆影挂遥天。白去吴江水，青來楚樹烟。轉鷺揮禿筆，身向半窗懸。

山夜

四圍山似城，投宿問山名。落葉走無跡，長松静有聲。溪雲排作户，谷鳥代支更。清静燃燈夜，泠泠忘世情。

三、四寫物，畫不能到。

答姚柳谷先生見贈原韻

魯峰青未了，小築俯平原。石置苔痕磴，花編野色藩。撥雲香斸藥，倚杖水尋源。兀少高人伴，松風帶鳥言。

柬柏巖宗上人

揮手虎谿來，吟魂戀早梅。雲依垂釣石，花護講經臺。魯子居應僻，灊峰望忽開。白蓮肯移社，詩就竹林栽。

春雪道中

雪没蹇驢路，梅花何處尋。孤吟同灞上，乘興異山陰。雲伴僧歸寺，烟横鴉噪林。眼中松不改，青抱歲寒心。

泊池口

一片輕帆九子峰，泊舟渾不見芙蓉。客醒池口殘杯酒，僧打江頭破廟鐘。漁火灘紅霞两岸，蘆花洲白雪千重。拌支今夜篷窗枕，知否功名好處逢。

新　草

氣轉陽和遍厚坤，盤根縈蔓最先蕃。勾留細雨回枯色，牽率東風入燒痕。鳳輦翠常依帝子，馬蹄青不斷王孫。無端春引深閨侶，踏到香綦郊外村。

移秧

天公驟雨催芒種，農父騰歡遍四鄰。白水濺開千畋犢，青蓑耦聚一村人。霎時高下分秧捷，萬頃栽培合力勻。我亦荒磽成繡壤，漫操豚酒祝田神。

四句寫景如繪。

贈方郎容載

寂寂幽棲度歲華，萬金難買伴烟霞。青山對户成三友，緑竹連墻共一家。頓覺西園開翰墨，不教秋水隔蒹葭。芳鄰重續城南舊，回首囂塵樂倍賒。

三、四用青蓮、香山語意，而獨具爐錘。

將之大梁訂衡次二兄同往

持鉢原知不救貧，一竿烟雨老垂綸。漫同湖海趨名客，聊作家園避鬧人。田院荆殘函谷雪，謝池草傍異鄉春。倘能並轡天中道，伊水嵩山豁眼新。

先親窀穸工竣銜悲有作　二首之一

恍從夢境出愁城，丘隴分明墓道平。社近烏衣尋故土，春回芳草護新塋。青芻稠疊如雲集，黄壤崔嵬不日成。只是長眠天地老，蓼莪終慟鮮民生。

贈香山崇智上人次韻

耳習禪心江上山，袈裟借鎮白云閒。長明燈續香臺上，大願船開法海間。塵暗津梁資接引，草侵梵刹賴鋤芟。不知蓮社誰相待，偷取浮生一扣關。

春寒

十笏窗開猥向東，石林寒氣逼臞翁。春分未斷蒙天雪，花信翻驚拔樹風。獸炭焰微增榾柮，蝸廬光暗護簾櫳。誰家野杏村桃艷，也被陰霾褪曉紅。

書齋雜詠

絲絲細雨熟檐梅，白葛新衫稱體裁。粉蝶不知花事了，殷勤飛過短墻來。

口占贈倪九斯成

一丘一壑吾願休，千水千山君壯遊。魯子峰頭雄賭酒，風流如在秣陵舟。

西莊未值筠齋還山却寄 二首之一

君能七椀頗如顛，我僅三蕉未若仙。特訪高軒不相遇，茶經酒頌兩蕭然。

還山口號

入市無端俗事譁，生憎塵土戀烟霞。短驢載得斜陽返，一路長吟忽到家。

秋日漫成 三首之一

行吟静見長雲根，木落秋高山勢尊。雲雜炊烟渾不散，雞聲啼出夕陽村。

龍眠歸途漫興　五首之一

霞光倒映背崖松，雲碓無人急暮春。徑轉沙彌投院速，住山僧打閉門鐘。

徐　岱四首

徐　岱　字巖公，康熙間諸生，早卒。潘木厓曰：『巖公穎悟過人，讀書輒闇誦不忘。工制舉業，詩亦清新可喜，卒年方二十一，士林惜之。』璈按：養莘、章庵兩公爲璈十二、十三世從祖，今已無後。巖公爲璈十四世從祖，貢生春植，其嗣裔也。韋庵集未見有刊本，養莘、巖公两公自家乘紀生卒、葬地外，别無考見。今獨賴木厓先生之選，猶得窺其崖略，則甚矣，先生搜輯之功，固鄉里所宜俎豆不祧者也。

金谷巖

靈谷通天界，清霜遍野田。峽雲依石静〔一〕，巖水滴珠圓。百尺危樓敞〔二〕，千尋古燈懸。

探幽乘逸興，方外謁金仙。

校記：〔一〕『依』，龍眠風雅作『從』；『靜』作『起』。〔二〕『敞』，龍眠風雅作『迥』。

夏夜坐月

此夕涼無暑，山窗生好風。蟬聲嘶樹裏，螢影亂池中〔一〕。待看娟娟上〔二〕，留披謖謖雄〔三〕。遣懷惟借酒，移席就梧桐。

校記：〔一〕『螢影』句，龍眠風雅作『愁思入詩中』。〔二〕『待看』，龍眠風雅作『看月』；『上』作『靜』。〔三〕『留披』句，龍眠風雅作『閒吟字字工』。〔四〕『惟』，龍眠風雅作『雖』。

家大人還自白下取道石溪因探浮渡之勝

名山不到動經年，何幸茲遊愜夙緣。石洞嶙峋天可問，松巖幽邃地原偏。半窗詩在苔生字，陸子廊深花助妍。書帶堂前風漢〔一〕漠，禪關〔二〕棋局尚依然。

校記：〔一〕『書』，龍眠風雅作『九』；『漢』作『漠』。〔二〕『關』，龍眠風雅作『機』。

臘月〔一〕掃外祖新冢

迢迢山嶺路偏攲，殘臘來澆酒一巵。三尺新墳三尺雪，慈烏相伴有寒鴟。

墟墓之間不施哀，而已至有如此者。

校記：〔一〕『月』，龍眠風雅作『日』。

徐宣一首

徐宣 字召旬，康熙間諸生，有雲棲近草。

題張敦復遠峰亭

幽人逢勝境，卜築肯尋常。亂竹全迷〔一〕徑，諸峰環抱堂。鳥聲清几席，雲氣冷衣裳。盡日緘關坐，奇書讀幾行。

校記：〔一〕『迷』，龍眠風雅作『無』。

徐廷鈞一首

徐廷鈞　字衡次，號鰲山，康熙間諸生。

將之蘭州留别姚鑾伯

燕市笙歌舊酒徒，相將獻璞惜遺珠。那堪策馬臨洮路，東望桑乾雁影孤。

徐廷錦一首

徐廷錦　字蜀來，號雲居，雍正間貢生，官陽谷知縣。

鳳陽道中

揚鬐共適滄溟闊，呴沫難教涸轍忘。濠上惠莊誰結侶，馬蹄秋水獨斜陽。

徐心誠一首

徐心誠 字麟書，號保亭，乾隆間諸生。

與六階夜話

只隔鄉郊地，頻年悵别離。挑鐙今夜永，盈酌舊情滋。已見豐鴻侶，應看棲鳳枝。吾宗詎衰息，修路卜心期。

徐映瓏一首

徐映瓏 字谷池，號澹齋，乾隆間國子監生，贈山西布政使。光聰諧徐澹齋壽序：『先生少遊秦晉，所到輒争迎致。晚乃館於江南北不踰五百里。其先後主者皆有循聲，間舍之去，遂寂然，先生絶不言其獎成力。』

建德道中

渡江葉葉片帆張，又向肩輿逐笱篷。一路暖風聽杜宇，村村吹送焙茶香。

徐眉二十八首

徐眉 字六階，號壽泉，乾隆乙卯舉人，早卒，有緑意軒遺稿。甥蘇惇元識遺稿後曰：『舅氏少敏異，好學不怠。每夜讀嘗至鷄鳴。雖行道間，往往默誦。初以己酉副貢試成均，文名動京師。乙卯舉順天鄉試，丙辰試禮部，不第。旋歿，甫年三十有五。舅氏之學淹雅純粹，所撰制義先已梓行。其詩稿及鄉黨考、三禮義疏、徵要、筆記等皆未成書。今夏客錢塘，乃與汝諧表兄刊遺詩如干首，以誌西州門之感云。』子寅識後曰：『先君秉懿質，懷遠志，孝友之行稱於鄉黨，文學之譽播乎遠邇。初入都時，汪瑟庵相國、法時帆司成，先後爲祭酒，見先君文甚爲激賞，曰：「是望溪、百川之嗣響也。」所爲詩，由漁洋山人以溯唐之中盛在都和禮世子紅豆詞四章同時傳誦，以爲和者莫之能及。顧年未中壽，竟賫志以歿，不克有所建立於世，而寅等又不克讀父書以光大先烈，其永感曷有極哉。』

宿田家夢訥庵

朝向隴上行，暮宿田家幕。心孤多所思，一枕夢參錯。初夢繞阡行，春水溯山脚。野老四五人，荷鋤出雲壑。借問歲如何，大有可約略。言竟有餘思，長歌去踴躍。遥看雲樹紛，依稀北山郭。蟪蛄聲正繁，菡萏香猶弱。凉雨自西來，灑我池邊鶴。驚起入深林，須臾斜陽著。遊倦歸故園，園中新竹籜。羽扇坐清陰，殘暑不爲虐。似聽秋蟲聲，一夕芳草落。因此還思君，飛度城頭閣。見君手摩挲，詩瓢與筆格。笑問北山遊，今日何所作。余方愧對君，塵容若爲削。雄雞忽一聲，牀頭明月薄。

夢境栩栩，巧搆形似。

浮山次雷半窗韻

夕照既云佳，春陰山亦好。怪石卧群龍，嘘氣各未了。林際挂孤帆，白雲亂飛鳥。不見昔時人，獨行覓瑶草。

題種菊圖贈許子蒼懷

許子習静隱河滑，愛花如金金如塵。秋風一夕碧梧老，滿地寒香瘦似人。有客過從來語我，爲述名花口先哆。入門一笑迥絶倫，舊傳佳種真無那。是時秋高天氣晴，微風不動空庭清。銀瓶鐵甕各三五，綺窗粉壁交縱橫。或如妃子雪衣舉，或如大士蓮座行。或如衣錦尚以絅，或如珠盤綴以纓。銀鸞丹鳳自軒舞，烟蓑雪笠相攲傾。借問此花何自市，古六花狂葉夫子。十年譜得菊花成，芒鞋溷迹園丁裹。許子學種既有法，琴川畫手復無比。鼠鬚煤尾交紛拏，披圖按譜參差似。請君分乞未凋枝，歸種荒園短菊籬。便從一幅溪藤上，鬬取明年九月時。

寄姚甫申閩中

鹿韭春深後，閒門掩薜蘿。張琴彈午夢，離思渺關河。江入重灘狹，山連太姥多。封書猶未至，消息近如何。

三、四似青蓮語。

夜坐

燈影伴枯坐，殘更欲盡時。寒深風緒亂，春入雨聲癡。身事知無著，閒愁去故遲。古懷不可極，起讀楚騷辭。

早行

山遠翠如削，晨光生紫烟。凉風松子落，零露稻孫田。驅犢出遥浦，居人汲古泉。行行不知瘁，會意良悠然。

寄段肯堂　三首之一

滿目飛黄葉，秋聲萬壑間。故人千里夢，勞我八公山。别後音書絶，秋來道路艱。殷勤問雙鯉，江上水潺湲。

段，壽州人，嘗問業於桐。

紫霞關

怪石驚蹲虎，幽巖起蟄龍。四山殘雪照，一徑紫霞封。棋局何年置，仙人不可逢。空餘石榻在，高卧枕孤松。

寄懷鄧湘亭

客裏逢南雁，歸心逼舊廬。故人千里夢，殘雪一封書。燕樹重重出，江雲漠漠舒。何當琴酒興，仍訪子雲居。

送友人金匱

白下雨昏曾對晤，山城秋老喜言旋。歸舟一繫三年客，征袂重逢十月天。江渚葦花晴作雪，驛樓楓葉晚藏烟。欲尋此後相思夢，仍在吴門碧樹邊。

聞　雁

高齋寂寞抱愁懷，驚聽瀟湘旅雁回。小榻微風琴操歇，半空寒水艫聲來。人間南北應多路，天際風雲可用媒。我是征情籠不得，又堪容易被春催。

三、四與樊川『仙掌』一聯，異製同工。

贈别陳飲蘭

先生歌嘯任天真，爛漫交情快飲醇。十里香風戀歸路，一宵好雨又留人。愁中酒態甯妨聖，窮到詩腸却厭貧。三十六峰最高處，何時得寄與閒身？

寄段肯堂 二首之一

欲寫愁懷筆轉留，十年聚散逐東流。談心浪許摩天鵠，顧影真成失哺雛。窮到文章三揖鬼，狂來天地一詩囚。紫金山下勤耕穫，二頃書田及早秋。

五、六用昌黎、遺山語作對，奇思咄咄。

遊浮山

早春天氣半晴陰，踏蘚捫蘿上碧岑。袖底青摇潛嶽影，林梢白見楚江心。數聲鳥語驚幽谷，萬壑長松響梵音。我醉吟詩最高頂，四山嵐氣拂衣襟。

杏花

軟紅塵起接烟霞，紫陌青驄踏落花。十里香生遊子轡，一簾春護麗人家。珊鞭微拂東風暖，烏帽遥敧白日斜。正是長安好風景，消魂芳草況天涯。

無題

小立清潭曲，依稀見洛神。鴛鴦三十六，愁殺采蓮人。

崔國輔詩格。

閒情悲落絮，花事付東風。琴上相如意，從今問鞠通。

過邯鄲

暮宿邯鄲城，是夢黄粱處。通夕未成眠，雞鳴摇鞭去。

昔人夢已醒，今人方託宿。不見昔時人，何日黄粱熟？

題　畫

雨洗遠山淨如沐，槐陰松翠鬱蒼蒼。茅亭睡起剛亭午，一榻清風枕簟凉。

青陽道中

官路縈山到五溪，九華青削與雲齊。居人總愛臨溪好，白屋丹楓日影西。

寄甫申

丹楓黄竹擁烟鬟，唱盡陽關出故關。今日江南秋又老，相思遥隔九仙山。

題梁溪放棹圖送姚師洛遊姑蘇

山城春老渾無事，日日題詩坐翠屏。聞道洞庭新漲滿，片帆遥指莫釐青。

白袷衣裳五兩綸，放晴天氣到花山。黄梅雨過恢台甚，好占吴王銷夏灣。

紅豆詞和禮世子原韻

疏林黄葉寫秋痕，離緒無端孰共論。唱罷新翻紅豆曲，雨絲風片總銷魂。

數行衰柳夕陽斜，無復當筵舞落花。記得昔年遊賞處，碧陰深護五香車。

離思渾如不繫舠，秋江無復暮潮高。荻花蕭瑟黄柑老，不見紅餘過雁桃。

我亦臨風唱竹枝，懷人多在九秋時。更聽南國相思調，能禁朝來兩鬢絲。

徐琳一首

徐　琳　字葆滋，號博泉，嘉慶間國子監生，貤封奉直大夫。

雪

飛霙苒苒凍雲浮，積素凝寒對玉樓。爲問淺斟低唱侶，幾人識取境清幽。

徐春植五首

徐春植　字藕坪，號心畬，嘉慶間歲貢生，有心畬遺稿。藕坪少孤貧，年十餘已輟學，後復從市肆中卒業。自以先世累困青衿，故爲諸生數十年，不數應鄉舉。爲人謙謹質厚，吶吶退然。甲戌荐饑，劉嵐峰自粤東寄千金，囑密賙士友之空乏者，藕坪以爲此曖昧難明，恐招尤議，竟以金還劉，生平慤介類如此。

秋夜旅懷

梧影落雙雙，秋宵暑漸降。簾疏風入户，人静月窺窗。蟲語空階急，鐘聲古寺撞。征衣當此夕，應自寄珠江。

和姚硯山述懷 四首之一

蛋雨蠻烟粤嶺東，始知作客類飄蓬。多餐廉頗心原壯，一病維摩髮似翁。處世無緣由我拙，謀生有術肖誰工。朝來偶向溟濛望，海市蜃樓總是空。

晚眺

斜陽欲西墜，時已近黄昏。數點牛羊下，村墟半掩門。

詠史

兵困滎陽楚急攻，誰能代死任攖鋒。可憐身後酬庸日，不與分茅尺土封。

睡起

連朝蒸熱復連宵，雨勢漫天水斷橋。梧院新涼人睡起，不知紅日過山腰。

徐立二十一首

徐立 字翩成，號濤山，嘉慶間諸生，有東遊草。方桂堂曰：『濤山意識恢曠，其素性孝友仁慈，故發爲詩歌多纏綿愷惻、忠厚和平之音。』胡夢仙曰：『濤山詩颿隨湘轉，妙於自然，有石湖、劍南之風。』

秋日同楊旭升遊龍華寺即贈德公上人

秋風動高林，瞑坐涉遐想。閒步子雲居，清言話疇曩。我聞意躍然，恂愗倏俶儻。驅車出城闉，眼曠心彌廣。朝暾晼晼斜，曉露溥溥晃。古塔影凌空，野橋泉咽響。桑麻繞陌新，黍稻飽禽饢。快哉此清遊，更策前村杖。

林木何森森，應有高人託。瞥見兩龍華，排闥環蘭若。小憩入禪堂，庭花搖千萼。列坐衆沙彌，殷勤進茗酪。須臾耆僧來，古貌千年鶴。書寶王右軍，畫懸米海嶽。釋也進於儒，胸中自丘壑。爲語素心人，結侶申重約。

汝勤六弟生日前夕侍從祖母王太宜人家筵

壽母百齡只遜七，身其康强子孫吉。芝蘭玉樹滿庭階，翟茀魚軒膺榮秩。開筵我昨赴瑤池，親承顏色樂無涯。雪藕冰壺輝瑪瑙，璚漿玉液斟玻璃。飛瓊侍右雙成左，僮婢奉卮垂髫嬉。環顧座間兼四代，華顛台背笑含飴。回頭顧問今何夕，僉言誥朝石麟降誕之休期。母曰佳哉此子最聰慧，諸孫之中千里驥。摩頂曾誇寶誌公，謫居或亦香案吏。雕綳繡褓幾何時，瞥眼於今已十四。詩書好讀繼縹緗，文章本是公家器。殷勤示我善教之，搏風待奮凌雲翅。母之望孫如此切，何以慰之戒惰忽？窗明不挂買臣薪，焚膏未映孫康雪。大匠求材木千尋，良醫問世肱三折。探珠豈懼捋龍鬚，得子先須入虎穴。筆架況有舊珊瑚，匡牀竚看新簪笏。吁嗟我亦列孫行，慚愧四十馬齒長。高堂十載違重慶，慈庭兩鬢已如霜。飢驅迫我四方走，舟車萬里作嫁裳。倦鳥亦思歡繞膝，欲歸不得心悲傷。我且爲母祝，我更爲弟冔。延年勁節松，受益虚心竹。靡麗紛華不足欲，人間此樂惟君獨。恨無道子寫一幅，留與他年傳右族。

此詩作於道光庚寅年，先太宜人年九十三，兒黻十四齡耳。兒頗婉慧，能承大母歡，不意逾年而太宜人壽終杭省，又三年而濤山卒於京邸，又一年兒黻亦暴殤矣。回憶前時，如夢如幻，堂上膝下，顧影㝈㝈老淚汍瀾，曷有窮已也！

銅陵夜泊

明月挂城頭，銅陵夜泊舟。亂山環郭峙，破寺枕江流。買酒澆新恨，挑燈憶舊遊。榜人不解事，亦憶故鄉不？

鹽場即事

到處桔槔忙，連朝趁艷陽。風吹花碎玉，水瀉地飛霜。沙待辛勤漉，羹須子細嘗。我非官與吏，也爲祝斯倉。

春日送姚石甫江上未值小憩舟中作

春曉淡晴烟，春帆入遠天。踏歌空躑躅，款坐忽嬋娟。又折橋邊柳，誰憎江上船。翻然悵歸去，一路草芊芊。

贈方月槎孝廉

風雨武林聚，新醅敘舊盟。紙窗一夜話，燈火十年情。柳岸狂飛絮，書堂憶擁城。月槎書室名。湖山從結識，莫問子規聲。

卧病鄞江署齋盼晴棠翼雪两弟瀛門大姪不至却寄

客舍無端二豎侵，天涯强自解愁心。他鄉風雨聯花萼，異國烟霞聚竹林。好我豈惟能饋藥，懷人或亦怕亡琴。那知此地非空谷，未許蛩然聽足音。

海樓弟來明州

征颿千里浙東來，兄弟天涯聚濁醅。客路相逢終是別，故園問訊轉多猜。定知白髮娱清水，可著斑衣戲老萊。春草句成休説夢，燈花昨已爲君開。

鄞江舟中

江上風帆爲底忙，扁舟我亦載征裝。晴嵐峰遠家千里，烟雨樓高雁一行。鬢髮幾經新歲换，梅花猶似去年香。天涯鮑叔能知我，欲把餘杭作故鄉。鮑君珊州，餘杭人。

贈錢三悔軒

括蒼山接韋羌山，中有仙人玉笋班。司馬文章從典麗，士龍品望在安閒。家通鶚薦秋風裏，契結鷄鳴夜雨間。莫向赤城尋市隱，五陵桃李自斑斓。

送文江兄歸省　二首之一

驪駒一曲短長亭，歸客欣然買越舲。風雨秣陵同大被，門閭浮渡慰慈庭。不知雲水連天碧，可憶湖山放眼青。爲語故園休眷戀，范喬祖母已遐齡。

舟夜不寐

窗開月入舟，月白客心愁。將愁寄明月，莫照故鄉樓。

語淺情深。

華嚴堂　擬蘇潁濱龍眠山莊二十詠之二

臨巖石作屋，繞澗花成溪。清磬一聲響，松風吹鳥啼。

鵲　源

活水問源頭，上有知風鵲。帶月夜浮楂，悠哉知者樂。

泊裕溪

一鈎又見月斜西，風送孤帆到裕溪。驀地有人吹玉笛，茶坊酒市緑楊堤。

泊秦淮

緑楊影裏板橋横，水自潺潺月自明。莫問六朝金粉地，夕陽簫鼓已無聲。

友心弟三十初度

梅署初開五十筵，懸魚太守哲兄賢。鸛鴒曾入春風坐，鵷鷺無忘秋水篇。

客杭州重陽市菊 二首之一

靖節先生歸去來，東籬此日醉顏開。可憐寂寞杭州客，買得黄花手自栽。

琴 溪

昨返成連海上槎，一帆又挂九龍霞。瑶徽何日抛流水，擬向琴魚問伯牙。

新豐道上

撲面東風吹帽斜，夾溪春草亂生花。疲驢騎入新豐市，賣酒人家喚喫茶。

徐　㦸十一首

徐　㦸附　字汝勤，號春舫，年十九卒，有小鄉嬛館遺稿。兄寅序遺稿曰：『六弟生而穎異，周歲後示之字，輒能辨識。叔父令壽昌時，試童子，弟即題於案傍成詩，語殊警敏。嘗閲案牘，語左右曰：「此當屬之禮部，何以由户部帖下？」所詢俱有條理，時方八齡耳。見者咸目爲奇童。十歲後，叔父令之習舉業，不欲其爲詩也。然暇日有所感發，或遊覽之餘，輒事吟詠。自浙旋里數年來，意識益恢濶。叔父聚書可三萬卷，頗能覽其大。凡有所尋繹，每得其端緒。塾室自經史外，惟近思録一編，常置案側。以故捐浮屏佻，束修自愛，防意防口，動循規則，鄉里僚執稱孝稱仁。又性好施予，戚里有窘乏者，或質衣賙之，無吝色。歲饑，集塾友醵錢治粥食，寒夜歷郊郭外賑之，雖其雨雪不倦。先大母王太宜人自幼憐愛之，嘗謂寅曰：「此兒當興吾宗，善護持之。」兄弟輩皆已老大頽廢，惟弟清才穎出，意甚向學，庶幾有所成就而表見於世。何年未及冠，竟以數日之疾，遽奪其禄壽也？弟未病之前一月，手彙所作詩，録存若干首，若預知其將卒而留以待後者。嗚呼！雹碎春紅，霜凋夏緑。國寶未雕，家駒斯踣。今此卷之刻，聊以慰弟於泉下。而佳器之遽隕，門運之遘蹇，覽者當亦有同慨矣。』方植之評：『音韻諧調，情詞綺麗，才鋒秀逸，可稱清才。他日當以詩鳴世。』朱芥生曰：『「格高似梅花，韻勝如海棠」，謝四溟之論詩也。諸作格韻俱優，殆可望斯語。』

七夕曲

芻泥填却銀河路，牽牛織女今宵渡。地久天長無盡期，百歲人間幾朝暮。梧桐過雨秋有聲，釵鈿枉用乞來生。傷心最是歌長恨，一種愁人萬古情。

遊隱仙庵

庵有古梅，相傳六朝之物。

古院深山裏，騎驢問徑來。仙從何代隱，梅是六朝栽。白鶴時鳴渚，紅蕖不染埃。僧稀人迹少，恍惚到蓬萊。

詠羅漢松

一林佛客降諸天，流水閒雲共入禪。翠葉蒼蒼新雨後，虬枝鬱鬱曉風前。定中緑映觀音柳，空外香生大士蓮。朗朗經聲羅漢洞，不知何處更真仙。

春日憶西湖示葉子溶

遥憶西湖春色好，春來幾度費相思。六橋烟柳迷三月，两岸笙歌徹四時。畫舫歸來風細細，青驄踏去日遲遲。與君漫話錢塘事，風景於今欲問誰。

蟬

楊柳清風地，芙蓉落日天。小亭無箇事，獨聽一聲蟬。

西湖春詞　三首之一

湖邊處處足銷魂，盡日花前倒玉樽。舟子怕人歸去晚，聲聲喚渡湧金門。

春雨憶孤山梅花

春風習習雨聯綿，瓶供梅花玉几前。却憶孤山千百樹，段橋西畔裹湖邊。

送文江大兄歸里

絳帳追隨簡牘忙，忽聞買棹返桐鄉。榴花兩岸紅如錦，遠水斜帆過建康。

秋日園居　二首之一

高柳鳴蟬七月天，涼颸忽送曲欄前。芭蕉雨過荷池碧，白鷺無心立晚烟。

悼亡　八首之二

猶記芸窗問字時，銀燈相伴漏聲遲。夜深笑拂吴淞紙，手執羊毫學賦詩。
每憶深閨臥病時，幾番絮語幾番悲。可憐永訣三更候，執鏡猶云爲畫眉。

卷三十六續編

馬樹華　蘇惇元　同録

王　㮣　胡　淳　蘇求敬　馬起益　同校

徐　璈九十七首

徐　璈　字六驤，號樗亭，嘉慶甲戌進士，官山西陽城知縣，有樗亭詩文集。方植翁撰墓誌曰：『君成進士，授户部主事，學習報滿。念母老，請改官知縣，便於迎養。官主事時，勾稽出蘇松蒙隱未解銀七十萬。令壽昌修廢舉墜，事無滯者。任臨海，獄訟殷繁，處之裕如。任陽城，多惠政，捕蝗驅惡獸，申請禁嘗馬蹂禾稼等事，民尤思之，生爲立祠。性强植，不能與世俯仰，尤不善伺應長官，然居心仁恕，爲政寬平不苛。少好學，兄眉以經行稱於時，君從受學，已超出儕輩；後益矻矻鑽研，於書靡所不窺，期爲不朽之業。爲京外官，又得以政閒著書，所著有詩經廣詁、牖景録、河防類要、黄山紀勝、詩集、文集、選桐舊集。』自撰樗尹傳曰：『少爲制舉文，好方家，不逐時趨，爲令銘於座曰：「去其太甚，毋爲已甚。勿致廢事，不可多事。」』性疏慵，好自率胸臆，不能與世爲俯仰。喜遊覽，嘗遊黄山，登泰山，遊天台、雁宕，歷觀華、嵩、廬、衡之高峻，覽洞庭、鄱陽、震澤之恢廣，作爲歌詩，以寄其遐曠。好聚書，至三萬卷，嘗自述曰：『非儒非俠，亦吏亦民。爲雜家，學作無心人。』王晴園曰：『五古溯晉魏而上，七古在韓、蘇之間。近體純乎唐音，無一字落宋以下。大家正宗，此殆兼之。』鮑覺生曰：『亭亭明玕，落落清瑶，詩品在元暉、仲言之間。』陳燮樓曰：『五古既別大謝，人所共知，乃其五律高處源流，或未易測。竊嘗於何遜、吴均諸家中默參消息，自謂得之。』端木鶴田曰：『樗亭詩原出葩經，其所著詩廣詁於古温雅之旨深矣，故其發爲詩，正而純，雋而厚。讀樗亭詩，當於此求之。』姚伯山曰：『樗亭懲世俗鹵莽、流易二弊，選格必分正變，選字必分雅俗，而性情所抒，時有超詣，殆可傲楊文憲所不能矣。』

與諸子集北園石甫阻雨不至

雷聲殷地起，驟雨集西山。凉風與之來，四顧黯蒼烟。竹林接陰翳，清池漱流泉。披襟當微飀，浮酌傾長筵。尋篇振逸韻，論古通奇詮。之子隔溪水，言念爻悵然。

晨起

曉寐不成夢，披襟啟前扉。緑陰茂林實，微雨生凉颸。清嘉足可娱，滋與客心違。客行苦不樂，况乃疾疚罹。浮雲西北來，旅雁東南飛。安得雙羽翼，附子以差池。

偕姚薑圃寶秋厓過萬壽寺

誼寂豈同趣，兹遊亦清廓。麥野聞雉雊，桑閭正飼薄。偶涉朗公界，遂憑飛雲閣。林飆散午陰，巖馥聚春萼。趺坐遲徒侶，茗飲側嗢噱。格格奔雷將，噎噎靈雨作。萬井清若流，芳翠際遥崿。凉棲庶在斯，結軫冀申約。

偕姚伯山張小阮遊西山宿圓照寺

結侶窮幽巖，緣溪陟崇嶠。蕭寺隱林於，虚檐擴危峭。青騰落楸陰，丹榱上楓照。幽衲甘蜷曲，屠厤謝齜齗。憩我既有適，悟境亦無膠。夕鐘梵已微，初魄光猶耀。質明啟荆扉，更極前山奥。

偕郝蘭皋懿行朱蘭坡珔胡墨莊承珙胡竹村培翬胡小東方朔遊萬柳堂設祭漢鄭君

時七月六日，諸君以後漢書補註云是日爲康成誕辰也。

廉公昔云邁，遺墅茲原埈。曠覽足遐矚，結侶啟遥軔。嘒嘒鳴已秋，喈喈旁益振。高柳臨風疏，遠黍過雨潤。鐘蘚積斜景，樓碣蝕黴暈。眷言鄭志崇，即此通德近。擷蘋馨可羞，浮醴飶斯酳。睇彼競朝華，由來榮夕蕣。貽業式永修，服古蘄令訓。周行庶在斯，解宿方多訊。

三山夾感懷亡友張阮林

整紇發皇邑，理櫂旋江干。二梁遥可矚，三山近相看。念昔同心友，逌此駐盤桓。丁卯冬，余自浙回，小阮適淞江，相遇於此。周星逝已欻，望景耿滋歎。華盛傷掩遏，規裁溯便娟。楫志繁蹟區，靡精湘素編。逸簡振華謝，小阮輯華嶠、謝承諸人後漢書凡數十家，采摭綦備。其生前脱稿者，謝承後漢書十餘卷、王隱晉書數卷，餘尚係草本，字多不可辨。宿義申逵虔。小阮著有左傳辨證若干卷，多援賈服，訂正杜義。鴻章替往構，偉翰紛殊觀。小阮所著古、近體詩，凡四五百首。風雨久朝晦，山川曠周旋。於野情攸愜，麗澤益亦殫。旅魂竟何許，夢形徒爲然。通塞昧冥運，存殁異儕年。群息猶稚齒，遺策虞摧殘。綿綿修途思，瑟瑟緒風寒。瞻言平生交，撫舷涕汎瀾。

擬古

元陽盛乾宇，萬類咸宣通。楚楚蜉蝣子，鮮耀盛光容。奮迹何眇薄，悦目良丰茸。當其騁高翼，才智難爲功。嗟哉蓬樞人，雌默將焉從。

仕隱既殊趣，取舍奚能同。抱石獨沉冥，棲雲方固窮。豈伊輕蟬組，覽古明其衷。田叔稱齪齪，胡公頌容容。仕宦苦不達，既達亦安庸。

酬鮑覺生侍郎

鈞和寄鍾律，夔曠宣至音。繁會各有節，侈弇良非欽。眾操競黃夸，高詠興丹岑。秉鑑鮮近瞀，伸素多遥心。陳牘夙藏奔，孫閣兹窺尋。啟昧維昭晰，永佩庶璆琳。

空山讀易圖 爲馬曉嵋同年題。

廛棲日多營，巖處情爲虛。層基翼高構，密植羅幽居。松際露欲滴，嶺上雲相於。嗒焉群籟寂，想見包犧初。動息匪有我，貞晦緣所如。一辰足周用，萬象隨卷舒。往應良多感，來思何由驅。屏攝欲從訊，探源識歸墟。

文殊院

杖策逾天户，躡磴穿林莽。方臺倚玉屏，文殊豁軒敞。高下辨十洲，晴雨紛萬象。巖巒何奔趨，傴僂看俯仰。蓮花披雲開，初苞兀蕭爽。天都萃群仙，蓬島浮漭瀁。靈踪不可躋，笙歌倏來往。琴臺片石留，瑶徽已輟響。杳然陵清虛，坐待新月上。

馬星房邀同端木鶴田遊道場山二首

政敏境多暇，地勝情爲牽。素心矧同侶，屬眺良悠然。桑圃蓄群飼，藻積滋葑田。齊櫂漾深碧，並策躋崇巔。伏威泯往迹，棲禪猶修椽。高松送遥翠，秋花浮晚鮮。瀹茗識泉冽，矚牖知湖延。共兹幽賞適，轉憶京華年。

生天獨稱佛，棲山亦有人。落落太白叟，挂瓢葆元真。一抔雖宿草，數卷猶璘彬。襟契傾九列，歌詠來千春。雲構看委屬，綉墨還駢陳。蒼蒼暝色至，晼晼斜景親。涼扉急蟲羽，遭徑旋樵鄰。相將理歸櫂，悵息此傳薪。

入都發白砂嶺

出門甫一舍，攀嶺形坡陀。丹楓間松翠，落葉飄山阿。寒序逝將近，墐户謀斯多。征鴻向南來，遊子奚北過。居者足稻粱，耕殖匪有他。倚閭望未遥，回首滋滂沱。

宿州道中感懷

勞生靡有涯，轉轂甯堪息。行行逾淮浦，僕僕不暇昃。落日照地黄，茫碭見山色。故瀆厮河流，斷岸斜復直。我始經兹途，已歎緇塵墨。閲歲忽三五，于役遂九折。旅枕誰晤言，終宵徒嘿嘿。

汪西谷先生黄山篆册爲孟慈同年題

奥區秘元籥，遐覽甯相周。窮探奇迺遘，力陟景亦酬。中天開帝庭，崇臺駐浮丘。躋巇失雲景，睇垠狹滄洲。達人足幽適，雕章永淹遊。函萬積疊楮，繪虚徵叢繇。式將愜群慕，願言勖前修。

題姚石甫清心消息圖

弱齡搴芳馨，離歲遨除燠。修途積旬由，緘讀測中角。蠲忿既余憮，嬰塵亦子顣。儵忽壯懷逾，眷言静者躅。耀采良侊侊，守元期粥粥。形役心已勞，神清境維穆。徵彼有覺訓，庶云自道復。澄宇森昭暉，億象看萌伏。攖甯紛涉群，謐漠慎藏獨。撫軫聆希聲，據梧送遠矚。久要如可休，片石儀薖軸。

遊雁蕩山

憶昨華頂上，觀海雲濛濛。南望極雁蕩，千里渺難窮。探幽不厭遠，將笋堪揞笻。僧巖立山口，指點山路通。入山屢駭愕，吁嗟造化功。峰峰誰刻削？巖巖立矛鏦。峻立象城郭，鐵鑄小崇墉。矗立起障蔽，太虚横屏風。火立燄炎上，奇熾光庸庸。水立雄挂瀑，百丈射日紅。玉雨及珠雪，夭矯飛群龍。咄咄奇欲吐，立筆書摩空。詩叟倚壁立，推敲韻語工。展旗立大陣，劍笋難攖鋒。剪刀立峆岈，裁雲天衣縫。天柱勢中立，媧留揞蒼穹。石梁立倚梯，攀援接天容。窈窈邃洞外，青鸞立雌雄。悠悠淨宇内，佛立萬古幢。五老拱立送，木末森芙蓉。名山三百六，非不勢巃嵸。亟亟走東海，紛紛趨僕傭。要惟特立者，雄峙西南東。我家灊山下，九華對長江。昔觀岱頂日，黄海雲溶溶。衡廬舟屢過，西山結友同。兹遊盡巉峭，益豁平生胸。何當攝屐笠，更陟太華嵩。

遊嵩山雜詩 八首之四

大室南如城，十二峰北出。少室北如城，卅六峰南立。中央土象方，如堂更如室。包孕巖岫奇，吐納雲霞疾。降神毓賢輔，纪瑞效呼蹕。峻極峙中天，陳詩誦尹吉。

元功詢輔世，真隱亦維風。烈烈許由子，陶唐讓其功。避濁耕攸緒，耽道棲盧鴻。斯人逝雖久，高誼留嵩峰。奈何种放外，寂寞罕所逢。孟堅退處士，後史將毋同。峩峩箕山石，謖謖盧巖松。凝睇極杳冥，遐思心忡忡。

人壽不滿百，木壽逾千年。同生不同植，羡爾完其天。穆穆嵩陽院，古柏漢所傳。圍以四十尺，蔭以一畝躔。幹旁列八枝，鬱鬱更芊芊。中天合九州，此象毋乃全。既無斧斤伐，亦絶薰香煎。所以餐霞人，遺世成飛仙。

中處萬物備，豈不貴有生？志學詣道極，仕進希朝榮。卷册有紀述，月異歲斯更。奈何壯往時，忽忽事遐征。南浮際瀛嶠，北馳齊幽并。靡歲積有日，營宦遂無成。頹齡將復及，奚以誌勳名？猶冀山中叟，諒兹物外情。

哭亡兒戩　五首之二

人生即百年，五十已過半。有子紹先疇，仔肩庶分逭。奈何我嬌兒，甯馨甫及冠。愛護在廿年，奄忽只一旦。沉憂能傷人，隕涕誰能斷！

昔我走京師，送我隨徒御。俟我登車行，望望不忍去。豈謂生離時，即是死别處。南北路迢迢，疾病遠無預。慟哉我心殫，哀泣誰與語？

早秋偕諸子集海會院藐山方丈即事述懷

靈境啟清渠，初地曠高矚。同野集良儔，朋來聚芳躅。振絺躡層階，揮紈憩淨域。盈科導涓涓，浮觴回曲曲。喬蔭互蔽虧，繁英交掩縟。傑閣敞虛明，精廬資誦讀。賢卿蓄時望，高風緬清穆。俯檻眺川原，沃壤盈禾稑。桃緋憶山紅，荷擎想池緑。度地規圓方，籌工趣畚挶。庶植數畝蓮，更茂千竿竹。眾情亦以欣，來遊亮同欲。憶自淹雷封，暑序已更六。四生靡牧芻，两失愧巫宓。言念氓眾懸，何如瘖歌獨？昔宰欣田園，束帶苦兒督。矧乃年及衰，遠道憚于役。倘葆瓠落資，應脱鞿塵輻。揮手將及時，晨裝於焉俶。

湘絃怨

湘江蕭蕭班竹林，秋風纚纚鳴商音。臨流撫軫起遥思，湘水與之誰淺深？何處揚舲聲激越，菱歌遠傍湘江發。猿啾啾兮烟冥冥，極目蒼波上涼月。我所思兮湘之涘，遠延睇兮結清徵。湘江一夕秋水生，美人遥遥隔千里。

女牽船行

女牽船，船行如登天。朝朝挽流水，暮暮宿回川。船在中流身在巘，首如蓬[一]科足如繭。可憐越女顔如玉，生長深閨貯金屋。未解風帆孰去來，却嗟水駛船行速。

校記：〔一〕「蓬」，欓亭詩草作「篷」。

韓瀧

我行自南逾曲江，移櫂易楫舟單雙。嗒焉入峽觀險側，峽流作雪聲淙淙。兩崖蒼翠危欲墮，百年喬木森矛鏦。啼猿踸踔瞰行旅，山鬼往往驚愚惷。仰觀星辰不盈丈，天船閣道如徒杠。磨石挽水立舟上，瀧流下激欺艂艭。舟人嘖嘖語靈異，乃知踰險登韓瀧。甃石壘階屹廟貌，構巖架壁丹楹窗。呼童篝燈上尋覽，荒文野語留碑幢。寓錢在案珓在几，欲獻卮酒無羊腔。公昔好奇窮杳邈，南衡西華陵崆峣。諫佛一表照千載，鉅任何異九鼎扛。至今餘波息溟渤，未使平土流洪洚。潮陽作刺非放棄，天教文事開錐龐。舟行經此真過化，吏何爲者言之厖。我瞻廟貌想遺迹，慨古不見心神㥦。回船攲枕不成寐，瀧濤徹旦聞衝撞。

越田水輪歌

河干耕者工設機，旋輪作雨雨滿畦。障堤壘石勢激越，杈枝屹立聲喧豗。列竹爲筒筒上水，去者既盈來者取。周流無息巧回環，原泉不涸渾如此。百泉出竹如蛇奔，承槽注筧静不翻。須臾灌溉千畝遍，坐看流水來前村。乃知智者創物巧〔一〕，人事屏棄齊天工。飛流布澤田上下，此機運轉誰能窮？

校記：〔一〕『巧』，樗亭詩草作『功』。

峩嵋松行爲吴岳卿賦

舟行未涉岷山源，屐齒不到峩嵋巔。空令足跡半天下，惱看江水流涓涓。吴君蕭几間，示我峩嵋樹。言寄自仲兄，開緘勃生趣。座中磐石何嶙峋，松陰蔚鬱無纖塵。靈枝本自鍾地液，蟠根乃欲通天津。遂由江源達江委，千里萬里無冬春。巴渝筇竹杖，通道貢王室。成都柏崔嵬，黛色或蔽日。卷舒大小各有適，千章盈寸將毋同。此松適情而致遠，莫云纖負〔一〕非蒼龍。君不見魏王五石之瓠無所容，拙於用大奚爲功。

校記：〔一〕『負』，樗亭詩草作『質』。

讀明史功臣傳

真人崛起淮泗間，驅群策力如束菅。攻城略地積勳伐，剖圭錫爵酬河山。六王既冠旂常籍，群侯亦受旌符頒。豈知讌語堪杯酒，已覺猜嫌生左右。胡藍起獄快株連，萬五千人齊授首。百戰方餘未死身，一誣遂磔全宗口。世券叮嚀盟未乾，獄詞惝怳甯須有。嗚呼！君不見金川門開燕卒入，宫中烈焰燒天赤。骨肉相殘自古無，屠夷長少灰宗籍。又不見徒隸棼棼起草中，擁兵不殺稱爲功。廟社丘墟幾年歲，不須鳥盡識藏弓。

偕張問繻孫子雋吴迪卿王子仲過江竹泉村墅

曦陽未消洪嶺雪，搴衣振策來新安。新安山水奇且潔，嶙嶙飛布環群山。就中豪畸大江子，構園結宇依巖巒。我行村徑眺屏障，春風步屧泉潺潺。藤簃薜檻勢詰曲，斗室嘯詠滄洲寬。盤中短松歲二百，巖際列竹堪持竿。一犁俯仰出籬外，芍藥過雨春初殘。雲山幽絶乃清曠，武陵何者稱仙源？開樽更話活人術，歸徑還尋碎月灘。

遊黄山用吴子華原韻

昔泛湘澧驅齊燕，廬阜衡岳州〔一〕車邊。觀山未涉〔二〕山頂巔，有如管孔持窺天。今我寓迹黄山前，陵高蹈虚志力堅。初循山麓逢温泉，譆譆上出燂龍涎。澡身策杖從攀纏，前者踵及後者肩。如猱援木蟻穴穿，老人一笑相周旋。天門九關不可鍵，龍卧在洞三千年。天都岧嶤聚群仙，蓬萊駕海乘鰲顛。狻猊虎豹隨雲軿，白猿青鳥和朱絃。蓮花耀日開嫣然，丹成古竈霏瓊烟。蒼風怒號慄不眠，銀濤湧海翻桑田。峰鋭如筆浮如船，上齊七曜下九淵。萬象羅列誰真詮，快遊如疾霍然痊。一洗萬斛塵埃捐，逍遥翠微東西連。芙蓉仙掌森拳拳，回視巖瀑天中縣。

校記：〔一〕『州』，樗亭詩草作『舟』。〔二〕『涉』，樗亭詩草作『陟』。

寄端木鶴田

我昔號鐘觀謝琴，披圖散帙紛林林。就中青田詠端木，上窺千載良知音。青田才富青丘子，珮玉瓊琚天外倚。忽聞縹緲降雲間，如引清商流素徵。吐徵含商古思多，吴縑越練看駢羅。郢中競和皇荂曲，世上誰聆韶濩歌？蕭條吟舍依東郭，仲蔚蓬蒿足棲託。一官不厭廣文貧，四時且極湖州樂。我從浙水觀秋濤，檥櫂湖城意寂寥。吴會吟誰留沈范？鄴中交欲問劉曹。湖城茂宰瀛洲客，罷鼓邀君飲今夕。座中談笑共千秋，況有山川資莫逆。平明驅馬道場山，輕舠還泊白鶴灣。太湖浩淼群峰外，洞庭指點蒼波間。燈火壺觴興絡繹，古卷璘瑯展金碧。一瓢堂説道人居，半間屋看王孫石。倦遊我自溯江鄉，南浦孤帆趁夕陽。金焦海國還憑眺，峴首吴興未可望。笠屐歸來嗟改歲，人事淒涼復顦顇。未譜紫雲笛裏聲，空緘白雪懷中字。苕霅溪清錦鯉遊，西風鴻雁滿汀洲。天涯明月還同照，願近樅江古渡頭。

天壽山明陵

春風吹柳緑燕關，旅居鬱鬱思躋攀。驅車北渡濕餘水，策馬更望軍都山。軍都山回起天壽，纍纍若若當屋覆。明十三帝此焉藏，丹城碧宇猶雕鏤。初循曲澗登橋門，石人離立獅虎蹲。雁行林列未易數，瘦馬矍矍驚欲奔。就中長陵獨隆起，思陵遠在山南址。翠柏曾經駐翠華，丹桃猶自敷丹蕊。我思元氏尊妖僧，宋冢被伐無完陵。取人天下暴枯骨，千載義士哀冬青。煌煌丹詔示民伍，昔君爾祖及爾父。松楸勿近采樵人，租繇仍復居陵户。三百年來兆域同，春秋無恙祀群宫。式閭封墓遭仁聖，巍巍唐虞洵至公。

將去壽昌赴臨海述懷誌别

余生三十轂始輠，曠覽冀野觀淮河。隨計奔走數京國，謬襲砥砆儕荆和。數載趨曹苦鞿束，一行向外蠻争蝸。種芋拔薤事何補？折腰持版徒婞嫛。郵符錚錚日羽下，抉擿〔一〕纖縷嚴譏訶。旬會五計急輸轉，吏習成事先催科。幸當山陬道里僻，冠蓋不及絶鳴珂。士愿民樸安吏拙，獄詞減少糧輸多。巍巍神棲更相度，競從畚樏交礱磨。壽邑改建武廟、三賢祠，及屏山書院落成，士民醵助工築著於册。吏也有暇圃有隙，植柳成蔭香生荷。禪云三宿戀桑下，何况五載兹婆娑。山容窈窕欲相待，溪流不競猶盤渦。一朝量移試緊赤，利器未具思剴劘。平生屐齒及幾嶽，且喜台蕩鄰嵯峨。攝乎二者詎無意，將隨好事恣經過。民俗險建逋成習，此由漸染非沖龢。曲直自知愆自省，觸冒罪詈理則那。正供什一待百用，粟宜先輓芻先駝。衣食堪贍曉理義，詩書明備資吟哦。烹煩則碎訓自古，持滿而發今如何？人生一飯飽魚鱠，羈靮百里成蹉跎。爲語諸生拭氈几，不爾一櫂謀輕舸。栩然而寐蘧然覺，拙者之效甯無佗。壯遊半百聊復爾，嗒焉仰首抒長歌。

校記：〔一〕『擿』，愣亭詩草作『謫』。

遊天台山用王荆公登高齋韻示王海樓

吴越山從服領來，西峙天目東天台。嚴瀨屢櫂聽欸乃，十年遊屐藏如埋。愧徇半菽綰尺組，隨人頣氣如輿儓。一朝上謁脱羈靮，竹輿啞啞思窮垓。初尋蒼烟撥鳥道，努力徑上陵崔嵬。三方鐘磬梵作陣，萬年松竹青成堆。高巖懸瀑幾百尺，噴冰霏雪喧霆雷。經壇方墉起霄漢，天風嘘襟何快哉！南視夷蕩指數點，漸江絲縷波縈回。東瀛島嶼出復没，神仙欲湧金銀臺。平生仕宦幾蹬蹋，每陟奇巘天容開。仙佛何緣吏何術，且喜絶頂無擠排。川東詞人握靈照，羅列百氏雄兼該。西下峩嵋極天半，宦遊越水稱清才。相逢台城我舊客，好賒魯酒傾如淮。百齡謀養欲奚策，惟賴疏闊容遺𥫗。劉晨前蹤忽已遠，明月尚照青蓮杯。後遊知有金石句，爲先秃管資嗤咍。

朱雲圃觀耕圖

平田漫漫湖水青，楊花飛處生浮萍。夜來一雨催布穀，分秧歌已湖邊聽。湖邊牧牛牛礪角，大婦搖船餉飲啜。淡沱微風不滿襟，蕭疏且把蒲葵捉。人生何事是良謀？意穗心芽自緑疇。但思徂隰勤穮蓘，看取西成萬斛收。

畫梅樓圖 爲湯雨生題。

武林都尉毗陵英，觸手妙緒揮瑶瓊。韓軍陣擅無雙譽，韋曲樓高尺五名。結樓梅塢連湖水，香國雲生排繭紙。濡毫商略管夫人，點筆何如吴道子。墨香琴韻意能兼，疏影横斜捲畫簾。粉蝶依依迷曲檻，翠禽婉婉宿晴檐。檐外千枝交緑竹，檐間幾片飄香玉。一幀驚看腕下神，三生齊證壺中福。羅浮歸後又燕吴，襟契由來若谷虚。應將畫閣生春手，更譜寒林廣廈圖。

偕芥生植之匡叔元伯集姚伯山南園分韻得數字用東坡寄劉孝叔詩韻

數弓拓地城南土，髯植蒼筤作園主。別離二七一歸來，僱闢榛蕪除莽鹵。平生交遊重意氣，燕山粵嶺多圭組。故園朋輩久寥落，斗酒謳吟相勞苦。回欄曲檻敞西山，雕飾未加仍樸粗。水木猗猗坐對人，春鳥如歌竹如舞。座間當日皆英少，轉目蒼蒼紛可數。洛中盛事留昔賢，里黨流風況前祖。園有軒，舊顔曰洛社。文章齊氣雄黃初，鋒銛無懦聞三鼓。芥生近補鐫七言律詩。或觀泱漭導泉源，釀取玄醇貯瓶甒。植之近撰漢學商兑。水部鏗鏗久避席，詩事能多古未睹。元伯撰毛傳鄭箋通釋，年來作詩甚富。匡君峻壁俯鄱湖，汪汪千頃誰堪語？匡叔於歲前由豫章還。主人歸從漳水濱，侈談治行誇强武。古云美政誰與儔？却恐偏鄉難繼譜。等閒斟酌及良辰，倉卒何由傾覼縷。方期中道共周旋，又迫嚴程趨大府。奮臂倘可致青雲，抽身應及聯今雨。投牒爭看懷利器，買舟亦欲尋齊斧。有如盤鴉噪晚風，今日南枝明北羽。主人誘詠衆揮毫，迫促幾窮同畫虎。他年名行如有立，繪圖倘效鄉英補。

遊華山寄聿元

西嶽峥嶸何壯哉，石作蓮花雲作臺。謫仙有語留山谷，千載猶憶丹丘來。平生夢寐未目睹，有如重諾愁縈懷。遊戲宛洛更望陜，小車轣轆關門開。嶽廟巍峩璨金碧，登樓已見芙蓉排。輕雲往來互蔽庇，仙蹤未易窺塵埃。攝衣杖策鼓余勇，險易豈令吾心回。要使手力齊足力，奮然直上梯層苔。鐵繩迭挽趾迭進，如蝎粘壁猱緣厓。身騎蒼龍叩天牖，明星玉女匳盆揩。掌中沆瀣珠的皪，黄流一綫縈如釵。三峰要自不可削，造物剖擘奚胚胎。元精呼吸通帝座，萬古奇秀陵天垓。是日白霧湧山麓，罡風漭泱鳴喧豗。豈知晉薊同日雨，足下萬里轟雲雷。終南熊耳勢岧嵂，望中往往成驚猜。自謂好事逞浪漫，冠蓋藻士誰當偕？故人山水獨不廉，先歲已此陵崔嵬。暫屏高牙躡芒屩，猿援玃攫窮奇賅。道人向我語嘖嘖，藤杖手拄詩親裁。何當賞奇逞雄怪，各出所見傾樽罍。辭山策蹇即關路，百里仰首瞻千回。

岳鄂王精忠研同王慈雨吏部賦

研長尺許，有篆『丹心貫日』字，右署湯陰岳某字，池上鴝眼刻爲雲日之狀，背有徐中山王跋語。蓋洪武間賜物。今中山嫡系寓居保定，以此研贈山右宋氏。

宋家南渡稱七王，惟韓與岳功殊彰。堂堂岳鄂起年少，天教半壁支淮江。撼山軍勢真貔虎，英姿卓犖兼文武。忠忱翼翼郭汾陽，雅歌恂恂祭征虜。唾手燕雲掃不庭，黄龍痛飲更何成。冤獄竟緣和議表，題詩空悵翠微亭。此研當年誰記注？流傳疑有神呵護。想見功成破賊時，染墨濡毫書露布。功名異代有中山，志事幾〔一〕堪伯仲間。載筆殷勤銘歲月，傳家什襲重瑶環。君不見錢塘祠畔鐵，鑄作群奸供唾泄。鐵石何知佞與良，人心不死資忠節。六陵抔土今何在？片石丹誠奕祀留。摩挲故物殆千秋，蓄憤還將即物求。

校記：〔一〕『幾』，樗亭詩草作『庶』。

六盤頂望皋蘭山雪

我來自東閲四月，薄裘代葛方回轍。洮水鼇山千里遥，連朝陰霾正愁絶。驅馬更上六盤山，山徑崎嶇陵百折。西望臨洮但白雲，岡嶺千條萬條列。白雲屯處似海濤，就中忽見排銀闕。僕夫指是皋蘭山，山上嚴寒夜飛雪。是時節序方秋分，江南氣候猶如春。奈何地利已磽确，寒燠四氣尤難均。四月冰凝八月雪，哀哉涼土鶉衣民。

自題觀釣圖

人生何爲常齪齪？旦暮勞薪嗟轉轂。浮蹤徒自笑樵漁，岐路何緣辨臧穀。山有木兮谷有泉，鐘魚幽梵棲層巔。長松盤雲枝鬱鬱，修竹上日影娟娟。一曲潺湲清且泚，持竿近有蒼髯子。且將得失看他人，莫把生平問知己。樗散還留老大身，清泉白石足相親。欲從洗耳臨流外，問取無懷以上民。

與栗原詠之晚步玉河橋

行行漫無適，攜手至河梁。落日明山翠，晚風生岸涼。鳥歸喧竹樹，人語對蒼茫。不盡登臨意，東流水共長。

郭　外

芳夏見深緑，出郊鳴野禽。前村槷槔水，一徑苧蘿陰。客意此蕭散，余懷同陸沉。長松隱清梵，欲爲叩禪心。

清明日與馬元伯張阮林姚伯山馬伯顧胡小東家詠之遊釣魚臺

芳時逾上巳，沐日尚承明。驅馬遠塵外，臨流春草生。遥帘斜酒市，平徛帶花城。座有垂綸者，清風可濯纓。

別苑舊林亭，亭回際遠汀。野風摇水白，春靄到山青。勝節攀行柳，前轍逐轉萍。飛鴻自南國，偏向客中聽。

浮湘 六首之四

嶺嶠諸源別，南流復北流。瀧濤行裏遠，衡色望中秋。客路寒暄易，吾生汗漫遊。湘江多勝槩，貰酒木蘭舟。

曉日上征衫，霜華半在帆。漁罾趨短楫，村穫聚長鑱。沅澧碧無際，空泠翠積巖。欲尋羅賈宅，江岸石巉巉。

湘浦去迢迢，湘靈不可招。臨風潔椒醑，輕雨上蘭橈。望遠思遺褋，馳神衍舞韶。何人歌楚些，寒葦暮蕭蕭。

三十六灣深，長江楓樹林。清猿啼客夢，歸雁寄鄉心。子戌寒芳歇，君山曉色陰。瀕湖增悵望，雲杜正蕭森。

釣　臺

一握釣臺石，千春嚴子名。客星何日見，江水至今清。重疊碑難辨，攲斜棟欲傾。猶看謝皋羽，寂寞侍先生。

院外逐涼

明月照垂楊，濃陰半野塘。畦苗鳴石蛤，砌蔓躍常羊。露覺桃笙潤，風餘竹簟涼。坐看流火遠，令節又清商。

惠山泉

揚子中灃水，曾嘗第一清。我來惠山寺，重試品泉經。石活苔侵坐，林交雨溼鎗。平生宜淡泊，不爲酌兹名。

石門洞劉文成公祠

幽谷雨霏微，終朝懸瀑飛。停舟陟層巘，遺像肅清暉。出處存吾道，經綸識化機。赤松嗟不遇，倘悔遂初非。

贈別王元初廣文

余以乙未冬來涖陽邑，元初秉鐸此邦已數稔矣。清芬堪挹，古處歡然。余於庚子秋引疾，元初賦詩曰：『從此宦途艱臭味，遂亦引年歸焉輒。』貢短章以誌別緒。

涼風嘶朔馬，久客動歸心。並有鄉園念，因之代越吟。琴樽六載聚，桃李十年陰。莫道雁門遠，來鴻堪託音。

寄懷光栗原

蕭條官舍昔差池，阮録吴箋日問奇。惜别一辭青箬釀，離居頻訝素書遲。三年冀北程生馬，八月淮南桂有枝。料得惠莊遊賞處，逍遥晏序足新詩。

荻　蒲　江南畫景十二首之一

清霄嘹唳雁行斜，極浦蕭條荻有花。霞氣一江澄練影，秋聲两岸失漁家。回風漫絜初持蟹，夜月維舟遠聽笳。苦憶水鄉清景在，幾番杭葦隔天涯。

過朱作舟村墅

好是朱陳舊有村，青林繞屋水潺湲。稻孫十頃酒初熟，桐子一峰秋到門。蠟屐罕從塵外著，詩瓢應識杖頭存。相親童稚還衰老，身世浮名那更論？

偕夏朗齋吴子華江晉三王子仲登斗山亭

昔居譙亳臨渦水，每看浮雲戲作山。今日巑巒周郡堞，渾忘巾屨在雲間。東來黄海青千里，南去黟江碧一灣。餘得閒蹤堪探勝，不妨策杖共躋攀。

會稽

山屏湖繞會稽城，似繡川原粳稻盈。青箬買春家有釀，緑楊垂釣水無聲。臨河敘想壺觴勝，探穴遊多宛委情。一上高亭馳遠目，東風拂拂晚潮生。

曉登岱頂

喔喔雞聲夜未闌，振衣絶巘俯千盤。辰垣北引天風近，曙色東開海日寒。石室有壇留漢檢，蘚碑無字識秦刊。憑高莫問登封事，且快亭云杖底看。

秋日建德舟行

扁舟容與溯通津，江盡新安接富春。澄水緑波初下雁，秋山紅樹遠隨人。高風自峻雙臺石，客思空餘九月蓴。未向危濤争擊楫，且隨清泚數游鱗。

秋日同顧鄭鄉趙芑堂陶静園吴杉客張彙堂吴蓉堂孔延之飲巾峰不浪舟時由臨海赴省即以誌别

滔滔瀛澥越東陬，台蕩巍峩一境收。迢遞筭將嗟遠道，思量屐齒快清遊。洞中神藥黄精長，海上仙巒翠黛浮。未了塵勞徒極目，棼棼簿領願誰酬？

自昔魚鹽表壯圖，况多劍盾列艖艄。風成佩犢真槃節，響革鳴鴞愧綰符。幾輩書庸先撫字，顧吾奮翼決槍榆。朋來且續茱萸酌，叢桂生庭露欲濡。

澄清天宇好登臺，共陟峻嶒倦眼開。薊北秋聲連雁到，海東山色擁潮來。廿年空憶金門鑰，九日重逢玉露杯。猶有垂楊堪繫馬，漫言揮手意徘徊。

漸江千里隔吴山，更接甌隅舊八蠻。往汐來潮驚起颶，大鯨小鯢苦吞鰥。板輿詰曲崎嶇路，皂蓋咿嘎傴僂間。爲問浮雲遊子意，何如半菽掩柴關？

昔登黄嶽最高峰，夢裏常擎五老松。雲海混茫看足底，風濤浩渺豁心胸。即今履險登攀遠，猶喜臨流笑語濃。他日相逢重回首，應將陳迹話揞笻。

永嘉尋謝康樂游處

一拳猶號江中嶼，千載來同謝客遊。緑嶂丹丘隨近遠，揚帆挂席足清幽。曈曨薄霧開初日，蕭瑟涼風送杪秋。遺像巖阿瞻壁立，摘藺何處是南樓？

過桃花嶺示裘香珊

我從華頂觀東海，又向桃花嶺上行。山勢屈盤趨夏鎮，天風寥落助秋聲。棲雲有境思宏景，遊嶽何心擬向平。西過方巖清署近，知開醇釀話浮生。

吴伯揚由金陵赴九江張子畏郡幕

龍眠畫筆藏元祐，寥落山莊七百年。獨向倪黄師妙手，只今坡谷孰隨肩？蒼茫卅載桐川酒，邂逅雙維建業船。堪羡故人雲翮健，丹毫倘爲寫凌烟。

途中寄聿元詠之两方伯

曾遊五嶽完婚嫁，便可棲衡息故丘。鬚鬢百年空自爾，絃歌三徑漫容求。諸公袞袞輝鐘鼎，我志悠悠託鷺鳩。爲問霄衢故人意，平泉緑野倘相留。

驪山客館

暫停征轡課郵程，入望亭林曲沼清。千檜倚雲分嶽色，萬荷揺雨接濤聲。秦宫漢苑温池在，帝潔妃清片石名。獨喜涓涓流不竭，行人猶共濯塵纓。

咸陽懷古

埸來三輔舊黄圖，曠野高原四望紓。渭水奔濤新雨漲，南山佳氣遠烟鋪。漢唐陵墓餘抔土，秦雍關河昧故都。欲問前朝雄百二，中田啞啞滿啼烏。

寄金香海太谷

猶從斗食沾微禄，倏爾蒼蒼已上顛。變幻浮雲看百態，殷勤杯酒憶三年。自知方枘難逢世，敢道收帆便是仙。來札中語。獨羡遺羹堪養志，延齡遥共祝南天。

題馬元伯二十九歲小照

當年玉署擅才名，作賦猶將麗長卿。豈謂青春隨夢去，只驚白髮逐愁生。蒼茫人世嗟關塞，容與鄉園尚友聲。暇日一編觴詠裏，知留千古在書城。

歲暮感懷

歷載歸來故里門，交遊零落黯銷魂。寄身蕉鹿迷猶夢，觀化醯雞變益繁。入世何能酬眾願？退居彌覺念君恩。太行西望重回首，憶爾山民酹歲樽。

過北園感懷方竹吾

園林蕭瑟傍谿城，十載重過異舊情。笛裏梅花春有蕊，琴中流水調無聲。霄衢未遂金門願，簡牘誰留玉版名。擊鉢傳杯尋往事，臨風徒自嘅餘生。

山中

雲中雞犬鳴，屋外藤蘿護。幽徑少人行，苔滿行來屨。

華山絶頂萬年松攜到都中植之盆石

移來千仞峰，種之一拳石。誰識盆盎中，猶貯拏雲迹。

園居　三首之一

蟲語淒清東壁，蟻行閒上南柯。入座微音嫋嫋，前山遠近樵歌。

西湖雜詠　十首之四

湧金門外望湖樓，樓外青山花外洲。複袖叢巖三十里，都將環翠漾中流。

連橋有簺頻呼鴨，曲港通流不礙魚。好是生香裛襟袷，芰荷十里晚風初。

孤山處士本無家，歲歲寒梅自著花。白鶴歸來明月在，何人更詠影橫斜？

禪棲四面宇峩峩，鼉鼓香花竟日多。南寺鐘鳴北寺飯，偈聲齊聽唄多羅。

見邯鄲道中題壁

茫茫星月昏連曉，遠道愁人行處老。盡道邯鄲是夢中，何人離却邯鄲道？

文殊院曉起觀雲海

峭壁崚嶒接上霄，鳥飛不渡夜猿驕。曉看大地雲千里，一夕天風送海潮。

吴興舟中

淡雲微雨已涼天，嫋嫋吴歌畫槳前。兩岸桋桑潮不到，半河菱芰半河船。

泊吴江

吴江楓葉迴成秋，片片輕紅水上浮。客久渾忘寒節近，垂虹亭畔繫扁舟。

池口阻風

平湖漫漫雨星星，蕭瑟秋陰上水亭。三日石尤行不得，隔江惆悵九山青。

冒雨遣隸人乞竹種之即酬洪丹霞廣文

文同胸自藏千畝，庾信園猶富萬竿。暫拂塵居思諒友，强分清蔭到粗官。
荒池未歇菖蒲緑，淺水猶擎菡萏花。斸雨鋤烟宜得地，明年便望翠交加。
拏空舊有龍孫目，結實曾聞鳳侶儀。會見清姿上霄漢，憑君識取向南枝。

署齋初夏

竹看過母〔一〕燕將雛，處處林陰聽鵓姑。一徑午風微雨歇，又添新翠上菰蒲。

校記：〔一〕「母」，樗亭詩草作「毋」。

華陰道中

曉日微風欲報秋，古槐高柳帶平疇。蓬車卧轉清涼甚，一路濃陰過華州。

安定阻雨

鳥鼠山西溯渭源，魚龍川北辨汧原。征途況瘁愁霪雨，坐檢圖經證酈元。

卷三十七

王　槱　馬起升
馬起益　同校

彭大年四首

彭大年　字子友，崇禎末諸生，有石樵集。

曉　發

荒岸曉雞鳴，舟人解纜行。寒烟没野色，細雨亂江聲。美睡多年減，窮途百感生。披衣天際望，已近大梁〔一〕城。

校記：〔一〕『已近大梁』，龍眠風雅作『且到大雷』。

滁州西澗〔一〕限韻

隔岸橋西路，春潮古渡頭。草香知故澗，沙長没行舟。好友招印涉，新詩入社留。黄鸝猶在樹，終日喚蘇州。

校記：〔一〕『澗』後，龍眠風雅有『友人集詩』。

出城見寇焚讀書處

喜聞寇去出城東，滿目淒涼廛市〔一〕空。茅屋不留春燕壘〔二〕，殘書無復蠹魚叢。流離父老愁河上〔三〕，邂逅親知似夢中〔四〕。薪木從今休種植〔五〕，野花遊蝶領春風。

校記：〔一〕『廛市』，龍眠風雅作『萬事』。〔二〕『茅屋』句，龍眠風雅作『茅屋已經兵火燼』。〔三〕『流離』句，龍眠風雅作『不逢豺虎惟天上』。〔四〕『解逅』句，龍眠風雅作『忽見親朋是夢中』。〔五〕『種植』，龍眠風雅作『更植』。

除夕

入山殊〔一〕乏買山錢，又向危城借一廛。正苦此身當此世，忽驚明日是明年。光陰暗度兵戈擾，生計空看釜罄〔二〕懸。草草酒漿供臘祀，寒燈挑盡不成眠。

校記：〔一〕「殊」，龍眠風雅作「爲」。〔二〕「罄」，龍眠風雅作「磬」。

彭孅三首

彭孅　字孔哲，號粥岑，順治己丑進士，官蒼梧道參議、汝南道副使。有據梧吟、灕草、越吟諸稿。潘蜀藻曰：「孔哲起家寒素，能自竪立，居官廉慎勤敏，擿伏如神，粤西、中州人民至今德之。」

喜得汪徵吾消息〔一〕

羽書來北極，風滿越〔二〕江春。天地歸才子，文章老病身。五年三去國，萬里一孤城〔三〕。

目斷寒崖樹，重教淚滿巾。

校記：〔一〕龍眠風雅詩題作喜得汪徵五年兄消息。〔二〕『越』，龍眠風雅作『粤』。〔三〕『城』，龍眠風雅作『臣』。

寄懷施尚白〔一〕

海濤聲起蜃樓平，仙吏秋高擁絳旌。懸鑑遠澄秦日觀，徹〔二〕簾近接魯諸生。七年瘴嶺違顔色，此日天涯幾弟兄？君入承明余避世，瓣香爲祝〔三〕謝宣城。

校記：〔一〕龍眠風雅詩題作寄懷施尚白年兄督學山左。〔二〕『徹』，龍眠風雅作『撤』。〔三〕『爲祝』，龍眠風雅作『聊禮』。

同何省齋飲徐寧庵蔡抑庵两憲副園中〔一〕

十年風雨夢相關，執手驚看鬢各斑。一世才名歸白社，半生心事託青山。追歡老去情猶在，問酒閒來興漸删。珍重明朝共幽賞〔二〕，品泉選石落花間。

校記：〔一〕龍眠風雅詩題作甲辰初冬同何省齋飲徐寧庵蔡抑庵兩憲副園中分得山字。〔二〕『朝共幽賞』，龍眠風雅作『宵還共對』。

白筠一首

白筠 字子皮，號逸岑，天啟間諸生。

雪後早發

乘凍貪朝發，冰堅嚙履穿。酒無一舍力，春有半江烟。母老惟求粟，才微願執鞭。年年攜襆被，不待曉晴天。

白篆一首

白篆 字子穀，邑諸生。

客中聞布穀

忽聽布穀動春聲，喚起征途客子情。驢背西馳六十日，烏慈南隔二千程。少年共悔遨遊遠〔一〕，亂世休教然諾輕。我欲掩〔二〕書還故國，龍山從此耐躬耕。

校記：〔一〕「少年」句，龍眠風雅作「少年悔不遨遊遍」。〔二〕「掩」，龍眠風雅作「捲」。

白瑜三首

白瑜 字瑕仲，一字安石，崇禎庚辰以歲貢生廷試，特用登州推官。潘蜀藻曰：「先生舉賢良入都，廷對稱旨，爲執政所擠，未大用。甲申後，棄官歸隱，卒。」郡志：「博聞廣識，行誼卓犖，由登州歸隱，居大龍山。方中丞孔炤爲作七棠先生傳，亦五柳先生之遺意也。」方孔炤七棠先生傳：「先生性善飲，温充之容，達旦無殆。或問以時事，則不應。間酒酣，與一二弟子考古規時，悉有源委，陳説利害，莫不切中。居宅邊有香海棠七樹，因以爲號焉。」錢田間大龍灣記：「大龍山去樅陽三十里，石塘環其下，居民多以種杏爲業。花時爛漫，遠近數十里有杏花村。山下有白家灣，爲白安石先生故居。」四庫書存目史部傳記類白瑜夷堅志六卷。』

浮海南還

魯連蹈東海，田疇入無終。節義各有適，英名千載同。志士豈爲名？心如白日中。照徹黑水底，餘光散成虹。憂來不可寫，怒濤自生風。風濤有時息，此恨長何窮？

送方仁植撫楚

於今元老推方叔，杖鉞來威及壯年。雲夢已知吞八九，鵾鵬何啻〔一〕擊三千。雄風坐嘯揮長劍，明月中流敞别筵。早晚即傳殲賊報，大龍野老抱書眠。

校記：〔一〕『啻』，龍眠風雅作『但』。

五旬偕門人農父爾止密之江口客度

苦思少壯亦何爲？老去龍山舊布衣。潮落海門摇客夢，雲開嶺〔一〕樹弄晴暉。百年如寄已過半，十月嚴寒尚未歸。博得諸生稱祭酒，且將末契暫相依。

校記：〔一〕「嶺」，龍眠風雅作「霜」。

都克任二首

都克任 字子肩，崇禎間諸生。

七夕

佳夕當年引興遥，如何此夜轉無聊。可能有鵲填瀰渺〔一〕，但見流螢照寂寥。月落遠村人語静，涼生小院晚香飄。步檐幾度呼童子，指點明星看斗杓。

校記：〔一〕「可能」，龍眠風雅作「不知」；「瀰渺」作「空闊」。

同友人納涼文昌閣

高閣層欄俯碧霄，解衣施簟坐逍遥。人來不覺風〔一〕隨至，話久都令暑漸消。何處清霜飛六月，時有所感。多年好瓦覆前朝。耽閒莫問興亡事，只當逢僧憩竹寮。

校記：〔一〕『風』，龍眠風雅作『涼』。

蔣　臣七首

蔣　臣　字一个，號誰庵，崇禎間以薦官户部主事，有誰庵集。明詩綜系傳：『一个初名姬允，字子卿，崇禎間舉賢良方正，尋授户部主事。』龍眠古文：『先生與楊瓠庵侍御辭薦舉書曰：「喪亂播遷，舉家寄食，無把茅蓋頭之地，有春糧抱饔之憂。」』明史蔣德璟傳：『崇禎十六年，蔣臣請行鈔法，言歲造三千萬貫價銀一兩，歲可得銀三千萬兩，侍郎王鰲永贊行之。』潘蜀藻曰：『先生以范大司馬景文薦，至京師撰漕屯鈔、足國三議，大司農倪公元璐見而激嘆，因上請，得召對，授官。甲申國變，間道南歸，時史相國鎮淮上，爲策淮上情形，史公欲以監軍薦，固辭之。』静志居詩話：『一个早見知於太倉二張，注名復社。其後柴車北上，爲倪公玉汝所薦，召對平台。甲申寇變，間道至淮陽，依史公道隣，公欲留參軍務，一个嘆曰：「以一騶虞將五虎狼，其能久乎？」遂辭歸。其詩雖乏渾涵，亦自蕭散有致。』張思齋蔣誰庵集序：『先生性通敏，能文章，少爲名諸生，留心當世之經濟，以賢良徵，遇執政者沮之，不果用。而大司農倪公元璐以國事日急，聞先生多奇計，復薦於朝，遂召對平臺，策足兵裕餉，累千百言。天子爲之前席，授户部司務，晉主政。方思盡其所學，而國步已改易矣。先生誓殉國，遇救之者，不得死，間道南歸，而終老於浮屠間。』璈按：先生有與楊瓠庵、楊達可兩辭薦舉書，皆以時危母老爲詞，厥後以倪鴻寶之薦而出，蓋亦有迫於義而不能終其志者矣。

感遇贈劉伯宗

夙昔秉遐尚，託契依丘樊。炯戒師明哲，息機謝群援。山月照蘿薜，偶開松下樽。素琴發清籟，宿鳥時高翻。斯際穆懷古，孤緒於焉存。時艱亦念哉，舍藏道所尊。感彼華實滋，獨寐永弗諼。主上撫㞐〔一〕運，九載未濟屯。紘網遍八埏，翹車賁丘〔二〕園。是時無留良，與子同見掄。天路苦榛棘，豺虎彌川原。關洛數十郡，戰哭皆新魂。子才〔三〕陋微管，奮翮必鸞鶱〔四〕。余方戀南陔，藝黍供晨昏。出處各有適，素節諒自敦。不聞莘渭人，婷婀效公孫。三復沔彼〔五〕詩，末俗誰與論？

時不可爲，況有老親。謝文節所云：「世亂可憂，有父母者，其憂更切也。」

校記：〔一〕「戹」，龍眠風雅作「鴻」。〔二〕「丘」，龍眠風雅作「菑」。〔三〕「才」，龍眠風雅作「也」。〔四〕「鶱」，龍眠風雅作「鶱」。〔五〕「彼」，龍眠風雅作「流」。

投贈王念尼兼用惜別

故國荒烟外，經年猶未歸。雁聲寒更急，木葉靜還飛。江上悲戎馬，客中逢授衣。踟躕臨岐路，但覺素心違。

讀心史題後

吞聲無可說，淚迸自淫淫。易朽千年骨，難灰一寸心。重泉埋積憤，白日照孤吟。只畢生平事，甯論稱到今。

劉憲石招遊虎丘奉答（明詩綜選）

山川猶昨日，金虎氣全凋。萬事蹉跎盡，千秋涕淚遥。寒螿依畫舫，敧柳卧平橋。勝地欣相見〔一〕，何年復此宵？

校記：〔一〕「勝」，龍眠風雅作「異」；「欣」作「暫」。

庚辰秋杪客清湖所期不至拈壁間韻〔一〕（明詩綜選）

榛蕪悲故國，垂老更無家。寄疊如新燕，爲園學浣花。苔痕深没屐，菜甲淺含沙。即此堪終隱，人生會有涯。

校記：〔一〕龍眠風雅詩題作庚長秋杪客清湖所期不至留滯數日戲拈壁間韻意緒無偶爾成詩索詩題不得也三首。

客清湖戲拈壁間韻〔一〕

歸去猶應熟，空山答浩歌。裝傾陸賈盡，圖列少文多。生計如鳩拙，閒庭任雀羅。佛場能及第，名起點賢科。

校記：〔一〕此詩和前首詩，龍眠風雅爲同一詩題。

贈人

晴雲晻靄晝陰陰，仲蔚蓬蒿一徑深。自領寂寥參鼻觀，未忘孤憤動悲吟。陸沉畏見河山影，蒼莽難明天地心。予亦寒巖倚枯木，肯容蠟屐漫追尋。

蔣蕙二首

蔣蕙 字滋畝，順治間布衣。

園居

仄徑藏花塢，攲橋占柳莊。春深肥菜甲，雨足長茶槍。麥飯欣然飽，村醪索共嘗。倦來賒午夢，小灶一爐香。

贈姚司馬之任開化

翩翩持節羡神仙，七寶刀環杏葉韉。國士嗚珂誇甲第，通侯取印恰丁年。鐵橋十六城堪紀，玉案三千客不傳。墨瀋倘尋吴道子，東山石壁草芊芊。

三、四確切，通首偉麗，詩格亦足與司馬抗行。

蔣楠二首

蔣楠 字仙植，號蘧君，雍正間諸生，有蘧君遊草。

至杭州

震澤湖中水，直連東越河。烟生村市集，岸隔石橋多。雲氣出幽谷，苔痕漾碧波。北新關下泊，商旅莫輕過。

答友人　十首之一

昔日無錢尚典衣，今朝典盡任嘑飢。何來新燕多情甚，猶向檐前款款飛。

陶佐四首

陶佐　字野輔，號樸庵，天、崇間諸生，有稽古齋詩集。齊越石曰：『野輔年少好學，俊拔不群，才思濬發，氣魄雄動，波瀾意度，全學唐人，不落宋、元以下。風調可以驚四筵，亦可以適獨坐。』

乙酉書齋雜興 六首之二

憶昔丁丑歲，避亂柳峰山。山高幾千尺，不許猿猱攀。攢簇峰如劍，層疊石爲關。白楊數十户，全生恃此間。果如桃花源，吾將去不還。

學書復學劍，爲農更爲圃。書可記姓名，劍亦可禦侮。不如守田園，可以免貧窶。春耕待秋獲，既晴復宜雨。求己勝求人，終歲依樂土。不奈今之民，少壯力不努。既云讀書難，復畏力田苦。

華嚴寺

屋枕崖千尺，門遮樹數圍。山光隨客屐，竹影上僧衣。到此塵心淡，飄然逸興飛。攜樽殘照裏，不忍遽言歸。

宿山家

明月留我飲，白雲伴我宿。夢裏青山多，醒來燈影獨。

陶　剛三首

陶　剛　字挺生，崇禎間諸生。陶氏家傳：「公生負異質，好學多才，尤精内典，嘗坐西風岩講金剛、法華二經，學士、禪僧觀聽者百餘人，數奇老不遇以終。」

飲外祖吴鯉翁家

每到論詩處，忘翁分最尊。清歌生白雪，徙業就青門。左右夕陽水，東西黄葉村。頻來秋色好，莫禁酒頻温。

曉　起〔一〕

山與人俱倦，終朝青入簾。鳥呼花魄動，雷響蕨芽尖。新雨池初漲〔二〕，幽窗夢易恬〔三〕。曉來隨意起，生事有芩連〔四〕。

校記：〔一〕『起』後，龍眠風雅有『詠懷』二字。〔二〕『初漲』，龍眠風雅作『應善』。〔三〕『易恬』，龍眠風雅作『亦廉』。〔四〕『芩連』，龍眠風雅作『楞嚴』。

樅江訪丁漢公不值

一醉何曾髩敢斑？雙鳧〔一〕偶破讀書關。愁時〔二〕沽酒無多路，暇日〔三〕開窗便得山。韻〔四〕有江聲來枕上，閒〔五〕無俗事到人間。知君遠〔六〕在雲深處，只似山陰訪戴還。

校記：〔一〕『雙鳧』，龍眠風雅作『扶笻』。〔二〕『愁時』，龍眠風雅作『妙手』。〔三〕『暇日』，龍眠風雅作『好在』。〔四〕『韻』，龍眠風雅作『兼』。〔五〕『閒』，龍眠風雅作『更』。〔六〕『遠』，龍眠風雅作『或』。

陶　立二首

陶　立　字□□，號卓庵，康熙間諸生，有風和軒詩集。

登西風崖

怪石開天半，空靈信鬱嘉。綠云翻洞竹，紅日麗巖花。峭壁苔痕古，巉崖雨溜斜。捫蘿攀最上，笑語應峆岈。

過吴鳳翥夜話

朔風吹木落無邊，雁度遥空欲暮天。百遍相過知己話，千秋好共此燈傳。文非載道何煩作，書不關心莫浪詮。尊酒不妨逾夜半，松林一徑破霜還。

陶傳書六首

陶傳書 字雲怡，號西山，嘉、道間諸生。

孤燈聽雨圖

紙窗竹屋花映階，日色秋來分外佳。偶聞雨聲滴清夜，亦足暢適幽人懷。孤燈慘淡照昏黑，獨有何人聽不得？放臣身竄夜郎西，將軍兵敗沙場北。淒淒切切復緜緜，何處人間夜似年。閨中少婦年三五，塞外征人路十千。可憐更有讀書子，潦倒名場長已矣。終宵對月不成眠，那堪聽雨秋窗裏。滿紙雲寒杜若汀，何人枯坐子雲亭？熒熒碧影明書幌，默坐澄懷側耳聽。聽聲且復窮佳趣，雞鳴喔喔增秋思。樽酒猶思共古歡，挑盡寒燈不遑寐。人生隨處有天機，讀畫誰知用意微。老子於兹興不淺，一秋無奈雨聲稀。

山居

一帶松陰外，蕭然屋數間。徑深人迹少，院静鳥聲閒。野水不通郭，孤雲時出山。爲霖才未逮，倚石聽潺潺。

落花

幾樹飄香拂客衣，頓教滿目失芳菲。春深有恨隨流水，風定無言伴落暉。古墅荒烟啼鳥散，孤村夜雨故人違。多情猶有西園蝶，尚逐殘枝對對飛。

春暮偶成

每恨芳時未易逢，鶯花空自引情濃。池塘緑到三春草，溪壑青蓮百尺松。壯不成名如畫虎，老難絶技學屠龍。科頭閒坐幽林裏，觸目風光意萬重。

謁寶公祠

斗大危城竟未焚，匹夫志不奪三軍。解楊如宋能將命，路印還齊敢辱君。白石有痕留峻節，青山無處吊忠墳。荒祠永並黄公峙，常覺悲風捲暮雲。

七律摘句：『秋從蟋蟀聲中老，愁逐梧桐月下生。』『緑樹村前更村後，白雲山北復山南。』『小樓有客吟春雨，深院無人問落花。』『黄菊籬邊花滿目，白雲深處草齊腰。』

桃源圖

雲外两三家，青山四面遮。忽邀漁父至，多事是桃花。

蘇文煒三首

蘇文煒 字威如，號紫峰，崇禎間處士，早卒，有紫峰集。蘇氏家傳：『公幼孤，事母甚孝，性穎慧好學，博覽群書，尤嗜性理。明季流寇犯桐，避居池陽，寇去返里，旋卒，年甫二十有六。』

泛舟有懷

江天聞雁語，客夢任舟移。時事歌星罶，鄉關動鼓鼙。常懷陟屺念，時戀倚閭悲。獨坐對寒月，淒清不我知。

即　事

荒村日暮烟光薄，草閣餘曛野色開。捲幔青山生白石，隔窗碧樹蔭蒼苔。何人枕漱尋幽樂，此地徜徉遠俗埃。知己二三攜斗酒，花叢相對且銜杯。

懷張康生

索居空自嘆睽離，目斷江雲日暮時。芳樹落花風定久，空庭啼鳥月來遲。門無車馬高懸榻，志切風雲獨下帷。音耗未通嗟道阻，漫憑流水寄相思。

蘇紹眉一首

蘇紹眉 字幼瞻，號唐岑，文煒子，順、康間處士。吴壯南唐岑蘇先生墓誌：『先生幼聰慧絶人，鄉人士奇之。當明末張賊跳梁江北，桐鄉無夜安之枕。先生幼隨父紫峰先生竄江南山谷間，稟訓無怠。歸里，父旋卒，時年甫九歲。尋經鼎革，鄉里荒涼，先生煢孤，而抗志希古，百折彌堅，下帷披誦，務爲深博無涘，以漸求一致之。歸從遊者日衆，然不爲科舉文以圖仕進，鄉人稱爲隱君子。性方正，燕居必謹禮節，卒之日，沐浴正衣冠，處分後事，勿用一切侈靡及二氏法，非志道不惑之君子，孰克正命若此？』

暮歸

淡淡村烟拂樹流，潺潺碧水泛青蒲。夕陽掩映平橋路，好景依稀是畫圖。

蘇繩武二首

蘇繩武 字倫次，號耐拙，紹眉仲子，康熙間縣學生，有恒園詩稿。

過戴先生龍眠故居

久聞戴子談經處，直到於今始得遊。寂寂山齋人不見，淒淒石澗水長流。巖花憔悴皆含恨，林鳥間關亦解愁。坐久欲回猶悵望，夕陽西没晚烟浮。

送程籜坡之池州

留君無計悵難堪，雪里梅花正可探。折得一枝聊贈別，載兹春色過江南。

蘇懷玉六首

蘇懷玉 字亘許，號堯園，紹眉叔子，康熙間處士，有堯園詩集。蘇氏家傳：『公子學敦行，廉介自守，待人厚而自處薄，有益於人而有損於己者，爲之亦不惜。尤孜孜於報本追遠之事，有遠祖墓，鼎革後迷失已久，公時以爲憾，訪求數年得之。纂族譜，修公墓，置祭田，後世賴焉。』

過龍偕舟山莊遇雨

結伴來幽境，疏離長薜蘿。開門山色入，凭檻水聲過。遠地來人少，春風寒雨多。南樓共憩息，載詠考槃阿。

壽姚虞升先生八十

休言習隱卧柴荆，德望才名達帝城。朱履三千半弟子，白頭八十一先生。能疏世計同家計，得遂詩情與畫情。今日祝君無舉似，漫將南岳入瑶觥。

館樓獨坐

爲避塵囂到此間，小樓面面有溪山。朝迎曙色添詩思，夕借涼風散酒顏。一縷香銷人寂寂，半簾月上影珊珊。夜深讀罷渾無事，且把松窗手自關。

壽表弟鄧念祖

君年六十我七十，長君十歲僭爲兄。北山在昔君同讀，鄧家有北山草堂。南畝於今我獨耕。两两園林相接武，時時杖履得偕行。慚兹介祝無他獻，只進黄花酒一觥。

感　懷

青袍愧浼世途塵，夷險經過七十春。縱向乾坤舒冷眼，那能丘壑放閒身？夢驚鶴散遼天外，盟負鷗尋秋水濱。白髮滿頭書劍敝，一生枉費作忙人。

訪友人山居

破帽輕衫步履遲，小涼天氣雁來時。斷橋流水烟林晚，拄杖敲門訪故知。

蘇芹一首

蘇芹 字于泮，一字劍南，懷玉子，雍、乾間處士。蘇氏家傳：『公和平樸實，有節操，訓課子弟生徒，以孝弟篤行爲本，文字則次之，故士林咸尊事焉。』

書樓

雲山烟水適相逢，野草閒花各自工。獨有小樓能聚遠，一齊收拾入詩筒。

蘇烺二首

蘇烺 字芷渠，號借窗，芹子，乾隆中國學生，有涅髯詩稿。蘇氏家傳：『公少好學，有文名，而屢困場屋，試於鄉亦不售。業精望重，邑中士大夫競延爲子弟師。性淡泊，雖屢空而絃誦自如也。」

贈山中處士

山深鎮日静無譁，一徑幽然處士家。屋破長松青欲補，牆低垂柳緑堪遮。看書好借巖前月，下酒常憑籬下花。滿目風光吟詠料，任君攬結手頻叉。

詠蒲劍

迎風獵獵漾寒光，三尺公然百鍊剛。白石溪邊浮紫電，緑楊橋外拂青霜。艾旗引去還争舞，榴火燒來不鈍鋩。久苦沉淪鳴欲出，氣沖牛斗水洋洋。

蘇暢實三首

蘇暢實 字載纘，號亦坡，乾隆間貢生，有亦坡詩稿。蘇氏家傳：「公少好學，博覽群籍，尤嗜讀朱子書。工文而屢困場屋，爲人量宏，有卓識，行止端嚴，坐必正直無傾攲，人見之皆生敬畏。』

遠峰亭春望應張野堂師教

嵯峩何處峰？飛來亭子上。我今一登覽，心懷悉昭曠。溪環如襟帶，山拱若屏障。烟雨罨春郊，乾坤幻萬狀。行行花徑幽，茶烟自蕩颺。苔茵鋪砌磴，香雪飄帷帳。好鳥發天機，數聲何瀏亮。竟日此淹留，欲去徒惆悵。

汪稼門守蘇州寄惠書扇作此謝之

墨妙山陰六角方，揮來何處不清涼。姑蘇已是無炎熱，更有仁風到故鄉。

怡園雜詠 六首之一

龍山積翠列窗前，隱隱孤帆漾碧川。知是杏花村裏客，緑波雙槳木蘭船。

蘇　廉三首

蘇　廉 字載辭，號覓泉，暢實弟，乾隆間國學生，有老川遺稿。蘇氏家傳：『公天才卓犖，經史百家無所不窺，作詩文援筆立就，屢試於鄉不售。嘗遊吴越、江淮間，與一時名宿相唱和，詩文稿不自收拾，存者罕焉。』

和龍潤生遷居元韻

身心静處便安居，况復湖山畫不如。水色天光環几席，松風蕉雨韻琴書。一杯夜月三人飲，半畝春雲兩耜鋤。潛璞靈岩終見剖，清才豈自老蓬廬？

七月廿七日夜懷整卿弟

葉老風堅又入秋，夜深月上忽生愁。去年共榻西窗下，曾擬時時秉燭遊。

雨後餞應鄉試諸君

良苗得雨便懷新，掃逕開軒一款賓。酬酢村醪頻引滿，草堂酣醉玉堂人。

蘇坦之五首

蘇坦之　字整卿，號艮生，烺子，嘉慶間郡學生，有更生詩鈔。蘇氏家傳：『公爲人豪爽有才，性敏慧，不必覃精苦思而能過人。詩文皆有奇趣。工書，有瀟灑出塵之態。』

登嚴子陵釣臺

君是千古人，我是千里客。夙昔仰清風，邈邈兩相隔。揭來漫作東南遊，停舟著屐登此丘。竿不試兮綸不投，江水無聲空自流。感君此境悟迷途，歸去蓑笠弄扁舟。

訪胡允升不遇

不寐怨遥夜，朝來逸興飛。曳筇攜斗酒，擬醉白雲扉。到門松菊三徑晚，緑陰深處花源遠。主人不歸悵如何？舉頭皓月懸蒼巘。

桃林小飲

村南釀酒家家熟，亭北栽花樹樹開。看得桃花紅似火，却疑春色醉中來。

賀拙風兄又新莊落成　四首之二

新開堂榭起垣墉，南樹桑麻北樹松。最是一般閒趣味，稻花香撲酒瓢濃。
遠挹螺峰近鏡湖，水田烟雨又模糊。春光秋色知多少，好景誠堪入畫圖。

蘇　芬二首

蘇　芬　字博歟，號南軒，暢實子，嘉慶間布衣。

泊采石磯

落日大江流，磯頭獨繫舟。青山名士宅，明月謫仙樓。此地詩休作，昨宵酒尚留。推篷拌一醉，聊自解羇愁。

春遊

雨過雲初斂，扶藜出蓽門。小橋楊柳岸，茅店杏花村。雙屐染苔緑，輕衫涴酒痕。留連歸已晚，明月滿前軒。

蘇蕃二首

蘇蕃 字滌愆，號木齋，一號銕軒，暢實子，嘉慶間縣學生。蘇氏家傳：『公喜讀書窮理，好朱子書，且深於易，尤善説經，雖頑童愚婦亦能解頤。偶作詠菊詩三十首，多涉理語。』

詠菊 三十首之二

寂寞悲秋對暮山，幾行黄菊護柴關。林泉事少都緣懶，一日看花一日閒。

秋風幾夜釀霜容，傲骨還同嶺上松。鎮日閒齋常伴我，賞心只在淡中濃。

蘇求臨一首

蘇求臨　字以莊，一字仲麒，芬子，嘉慶間縣學生。

野　望

橋南橋北盡長堤，芳草芊芊似剪齊。近水人家多種柳，緑陰垂屋亂鶯啼。

卷三十八

蘇惇元　胡　淳
蘇求真　馬起益　同校

鮑仲熊一首

鮑仲熊　字虎子，崇禎末布衣，原籍廬江。

盛蓮生爽園

朝來浮〔一〕爽氣，日涉趣成〔二〕園。硯捧〔三〕修花史，樽移〔四〕拜石軒。平臺開月府〔五〕，密〔六〕竹奏雲門。城市下方近，終年未覺喧。

校記：〔一〕『浮』，龍眠風雅作『有』。〔二〕『成』，龍眠風雅作『爲』。〔三〕『硯捧』，龍眠風雅作『一部』。〔四〕『樽移』，龍眠風雅作『三間』。〔五〕『開月府』，龍眠風雅作『儲月殿』。〔六〕『密』，龍眠風雅作『亂』。

鮑　文七首

鮑　文　字風世，號石潭，乾隆間諸生，有石潭詩草。

山行即事

危巖高百尺，雨過暫躋攀。古木撑懸壑，飛泉補斷山。應隨王子去，且逐謝公還。滿目烟雲趣，攜歸襟袖間。

酬劉樵峰兼令弟姪暨錢何諸子

翩翩著作軼時趨，中壘文章重石渠。池草自從春長後，竹林遥憶暮吟餘。考功名首十才子，水部詩傾两尚書。俱是先生晨夕近，天涯著我意何如？

金谷岩

首楞岩側叩禪關，曲徑行行昧往還。忽聽鐘魚來石塢，却疑雞犬在雲間。仙風颯颯驚初下，塵世茫茫欲盡删。最喜遠公能解意，清樽相對一開顔。

送方如川往粵東

往來經涉六千里，去住衣違一二年。暮雨曾隨彭蠡雁，秋風又上廣州船。未妨短榻聊同坐，相對清樽是別筵。此去天南吟興好，趙王城下月娟娟。

秋　望

蕭蕭雁過唳寒空，暮色蒼茫落照中。望裏桃源行處有，一林鴉柏染秋風。

遊星落石　二首之一

何須遍著名山屐，一壑能專足此生。長嘯風前浮大白，天光雲影一時清。

訪友人不值

曾逐春風到剡溪，春山一路鳥争啼。非關興盡空回棹，谷口雲深路忽迷。

鮑鼎一首

鮑鼎 字鎮華，號醒齋，乾隆間諸生。

江上懷古 四首之一

荒丘指點黄公墓，遠樹依微余闕祠。千載忠魂儼相向，江南江北起愁思。

鮑鎔一首

鮑鎔 字金山，嘉慶間布衣。

登和州城樓

薄暮和州郡，城高鎖夕陽。江聲來楚漢，山色接淮揚。烟火高低亂，風帆下上忙。層樓一悵望，雲樹影蒼茫。

鄭邦綏二首

鄭邦綏 字璞存，明季諸生，卒年百有三歲，有惜餘軒詩集。鄭鎔曰：『先生好讀書，能文章，工晉人書。性徑率倨簡，所如不合，植品勤學，窮於所遇，且無嗣息。慎初堂、惜餘軒諸集皆已無傳，僅於故紙中檢得七律一册，猶其百齡時所手鈔者。』

懷壽春楊敏生

與君握別兩經年，愧我猶然守舊氈。曾記尋芳隨屐後，每懷讀史共燈前。周窗草色依依緑，陳榻風清寂寂懸。更得何時重聚首，閒愁旅緒話當筵。

和友人山居

柴門遠市不須關，策杖林泉任往還。好鳥時聞當户竹，野雲遥看隔溪山。閒來感物敲新句，倦後銜杯擁醉顔。只此幽棲稱大隱，知君萬慮已全删。

鄭甯一首

鄭甯 字居易，順治時諸生。

秋日懷方井公

家食貧無計，言[一]歸我復游。山容如舊日，樹色忽新秋。鄉國多禾黍，江城少酒樓。得餐鱸鱠美，可念鄭瓜州。

校記：〔一〕『言』，龍眠風雅作『君』。

祝　祺五十首

祝　祺　字山如，順治初諸生，有山如詩集。郡志：『祺博學工詩，淳厚和雅。下筆淋漓，卓犖自異。』潘蜀藻曰：『樸巢卷軸宏富，所爲詩博奥蕭遠，有張文昌、王仲初之風。』姚羹湖無異堂集山如詩序：『祝子山如嘗與余言詩，因吟鳳凰集南嶽：「徘徊孤竹根，豈不嘗辛苦？羞與黄雀群，其以樸巢名。」可以觀其志矣。祝子十年來蕭然一枝，舟未過秣陵，馬未踰梁苑，而余往來於燕、趙、吴、楚之間數千里，士大夫與余交者，即訊龍眠祝山如。吾鄉多能詩而不好名，若祝子未嘗求名，而名固及之矣。』姚文焱序曰：『山如處闤闠中而門庭蕭寂，精舍不數椽，圖史而外，怡情花竹。家本貧，得錢即償書肆。匿名跡，遠權勢，以樸巢名其居，用意深遠矣。其所爲詩，懷古憑吊諸作，有黍離麥秀之感焉；往還贈答之章，有河梁停雲之意焉；諷刺勸誡之作，有谷風巷伯之遺焉。余嘗愛四溟山人詩説，有云：「意隨筆生，入手神化。因字得句，句由韻成。若接竹引泉而潺湲之聲在耳，登城望海而浩蕩之色在目。」觀山如之詩，其近之矣。』馬敬思序曰：『山如嘗云：「吾輩爲詩，如美人織縑，可玄可黄，而不可涴以油膩；高士烹茶，可泉可雪，而不可雜以香塵。」平昔持論如此，宜其詩之離群而絶俗也。』張文端序曰：『吾師樸巢先生集癸未以來詩，凡八卷。某嘗從先生游，竊有窺先生之志矣。癸甲之交，先生方避亂白門，四方諸名士鵠立，無不推先生爲騷壇盟主。爾時先生方志在豪放，故其爲詩，雲綺霞麗，艷絶一時。其後兵革頻仍，大江南北委諸草萊。爾時先生方志在憂憫，其詩如建康猛虎，諸行至今讀之不啻與花門鼓衙，同一欷歔也。年來閉門息静，一樽一琴，一蕉一桐，庭徑蕭然，緑陰啼鳥，先生於其中頹然自放。爾時志在隱退，其詩亦淡以幽，玄以雋，合而傳之，固當與陶、白、李、杜諸君子先後同工也。」倪蔭南題山如集：「吾鄉詩人何纍纍，鳳躍龍翔不一體。近日流風宗樂天，往時沉鬱追子美。樸巢工詩三十年，伐毛剔髓求精詣。有時樸摯任天真，有時勃窣淴玄理。香山浣花看後來，擲地金石滿人耳。」

禽言

割麥插禾，雨至滂沱。我聲來喚，人聲〔一〕孔多。騎馬渡河，葛公葛婆。切嗟琢磨，奈何奈何，割麥插禾。

校記：〔一〕「聲」，樸巢詩集作「言」。

雜詩 七首之二

人生貴適志，胡爲多所求？夜既晨復爾，百歲空自憂。神山在海外，仙人居上頭。力能併六合，不能卧丹丘。何如采芝人，惟與天爲遊。我生非其時，滄海飄虚舟。仰睇河漢間，路長思悠悠。槍雲忽如馬，欃雲忽如牛。願言弄明月，常與智者儔。

終年未出户，户外多山川。山川窈且深，欲往〔一〕不敢前。感君千里意，贈我琴一絃。古音良足〔二〕愛，坐客寡留連〔三〕。不如懸石壁，好風吹自然。借問曲爲誰？難爲聽者傳。

校記：〔一〕「往」，樸巢詩集作「涉」。〔二〕「足」，樸巢詩集作「自」。〔三〕「坐客」句下，樸巢詩集有「新聲足娱耳，發響廢周旋」。

夜坐寄山中人

空庭待涼月，草蟲鳴石根。坐讀〔一〕枕書卧，百慮勞夢魂。兵以已亂設，設兵亂益繁。芳華迎秋風，憔悴幾能存〔二〕？雲巖有高隱，清標無與倫。我欲往相依，煮石爲饔飱。功名世所貴，達士不復論。〔三〕君看寥天鶴，鼓翼摩崑崙。不視林莽間，燕雀徒自喧。

校記：〔一〕『讀』，樸巢詩集作『僡』。〔二〕『幾能存』，樸巢詩集作『能幾存』〔三〕『達士』句下，樸巢詩集有『讀卦至損益，挂冠神武門。五岳如可游，婚娶俟子孫』。

山中訪友不遇

人生不得志，出户成〔一〕瞿塘。一夜朔風急〔二〕，百草隕〔三〕嚴霜。我來南山陲，尋君舊草堂。積雪挂殘枝，老牸〔四〕眠頽牆。前者此山中，賊騎如飛蝗。烏鳶啄道殣，食飽啼白楊。至今夜雨時，陰火生空房。君有芙蓉劍，淬之騰電光。時事云孔棘，胡爲甘退藏？歎息不復值，野鶴成翱翔。安得化閒雲，相從游四方。

校記：〔一〕『成』，樸巢詩集作『履』。〔二〕『朔風急』，樸巢詩集作『生朔風』。〔三〕『隕』，樸巢詩集作『枯』。〔四〕『牸』，樸巢詩集作『犢』。

相　如

文人多薄倖，古今往往見。相如作賦才，陵雲天子羨。初爲縣令客，遂共〔一〕富人讌。手揮緑綺琴，户窺挑婉孌。致令冰霜姿〔二〕，忽爲絲桐變。當爐女可羞，滌器郎亦賤。以此恥王孫，十重鐵遮面。始合既非正，烏能終焉善。所以白頭吟，負心不轉盼。漢時重節義，虚文承主眷。不與狗監交，安得狗監薦？前此一相如，怒激〔三〕秦王宴。仍懷舊璧歸，無煩寸鐵戰。既知慕其人，名同實不賤〔四〕。爽德曰風流，文采奚足衒？

文人無行，自昔而然。借長卿以警世之以風流自衒者。

校記：〔一〕「遂共」，樸巢詩集作「不恥」。〔二〕「姿」，樸巢詩集作「心」。〔三〕「怒激」，樸巢詩集作「髮怒」。〔四〕「賤」，樸巢詩集作「踐」。

東方還山先生

辛苦伴梟羊，何如友麋鹿？跼蹐入荆榛，何如理松菊？古人愛五〔一〕鼎，一食恥嘑蹴。而况折我腰，五斗博微禄。先生山林人，疏懶性所獨。强之繫圭組，高卧厭塵牘。如彼海鶴姿，翻作樊籠畜。一朝放歸田，偃仰適空谷。飽我菰米飯，製我芰荷服。山中有四松，蒼翠色可掬。風雨自空來，波濤撼茅屋。側耳腸胃清，新詩成更速。有時入市城，親我倍骨肉。投以古體詩，瑶華奪雙目。烟花三月天，水次一舟宿。吹簫明月橋，琳琅應滿簏。自愧春夏交，争食同野鶩。世豈乏中郎？柯亭鮮靈竹。歸來面騂羞，陌塵積盈斛。願見先生詩，香櫞花下讀。冰雪沁肝脾，音響勝笙筑。得意呼酒杯，浮雲任紛逐。

校記：〔一〕『五』，龍眠風雅作『吾』。

五烈墓

寶刀淬雪光如練，大夫佩之身命賤。平生節義託文章，柱折維傾心忽變。朝衣四襖夜三衾，無頭亦佳不足羨。嗟彼鬚眉且如此，何况深帷婉孌子。知我有夫贈我珠，感君纏綿甯必死。王家婦女獨不然，口口皦日心青天。一朝秦賊薄城下，願言完璧歸重泉。婦持姑，子依母。頸血濺衣刀在手。當時只慮玷青蠅，豈願邀名垂永久？黄雲慘淡白晝黑，歲晚蒼柯不殊色。慷慨就義還從容，於昭神鬼亦心惻。因思我昔虎邱客，纍纍五墓藏雄魄。云是逆璫燄熾時，鈎逋黨人爲虺蜴。天生俠烈五男兒，奮不顧身撲殺之。五人死後聖人出，毀祠賜地褒其尸。至今衣冠不敢見，見之頻以袂遮面。悔從橘〔一〕國飲狂泉，不及市井之臣鋼〔二〕百鍊。嗟乎！成仁取義男子事，男子反如女子媚。女子殺身無求生，以較男子更無愧。我讀五烈死賊狀，寒月酸風摇紙上。人家養女盡若斯，何必〔三〕四朝長樂爲卿相？

校記：〔一〕『橋』，樸巢詩集作『獝』。〔二〕『錮』，樸巢詩集作『剛』。〔三〕『何必』後，樸巢詩集有『生兒』兩字。

江南曲

木蘭舟繫門前柳，門裏吴姬漉新酒〔一〕。數錢十指〔二〕露纖纖，雙鐲黄金籠臂藕。誰家少年白馬驕，下鞍呼酒戲吹簫。醉貪春色江南好，忘却夕陽歸路遥。

校記：〔一〕『門』，樸巢詩集作『肆』；『漉』作『賣』。〔三〕『十指』，樸巢詩集作『故欲』。

觀姚經三畫山水歌

我有剡溪一幅紙，藏〔一〕之多時待姚子。姚子胸中有丘壑，興至揮毫不能已。覓居近卜山之阿，土墻茅屋垂烟蘿。姚子好我時一過，談笑暑月清風多。因出此紙供墨戲，信腕縱横不經意。忽而古樹多蒙茸，忽而高峰涌蒼翠。深林有草廬，廬中人讀書。停筆笑相謂云是，祝子醉吟於此居。姚子之意美如此〔二〕，不愧姚子之言斯已矣。因記同君飲酒時，君醉歌詩我聽之。已謂詩中皆是畫，今見此畫如君詩。姚子詩畫信無兩，十日坐卧神氣爽。客能攜酒此中訪，方許展圖共欣賞。

校記：〔一〕『藏』，樸巢詩集作『緘』。〔二〕此句後，樸巢詩集有『乃能置我畫圖裏，草野之人何所求』。

洲上蘆花歌

洲上蘆花飛白雪，洲上人家千里絶。一丈蘆洲一尺金，輸與官司無敢缺。去年淫雨春水高，蘆洲幾處成波濤。蘆洲已改税不改，男女賣盡空悲號。至今此地無人住，江邊虎猛不復渡。吏胥照火夜捕逃，驚起烏啼白楊樹。

黄公祠〔一〕

幽燕恒星慘不明，潢池赤子争弄兵。黄塵蔽空白日墜，赤眉銅馬何縱横。當時諸將悉巾幗，幾人奮死身能輕？我公登〔二〕壇號熊虎，窮徼草木知威名。猶憶崇禎壬午歲，賊騎蜂湧蹂〔三〕桐城。走檄告急三百里，師一晝夜程兼行。鼠狼顧影各奔竄，有如勁颷〔四〕摧落英。

保我雉堞終屹立，山田雖荒猶可耕。驕帥狡焉欲南下，舳艫千里飛長旌。鏖矛大小百餘戰〔五〕，天地黯澹江無聲。折槍遺鏃散沙磧，留都半壁思〔六〕支撐。嘽嘽勁〔七〕旅淮揚至，諸郡解甲争降迎。我公力屈心不屈，仰天仗劍聲〔八〕錚錚。男兒七尺繫社稷〔九〕，豈〔十〕隨陵谷爲變更？生當封侯死廟食，英雄奚〔十一〕必皆功成。二十年前此祠建，遠近尸祝同輿〔十二〕情。我來瞻拜淚不止，恨彼〔十三〕誤國皆書生。書生尚存公廼死，我懷抑鬱烏能平〔十四〕？搔首問天天不語〔十五〕，鬖鬖古柏號風鳴〔十六〕。乃知我公自萬古，豈與宵小争枯榮！

校記：〔一〕樸巢詩集詩題前有『題』字。〔二〕『登』，樸巢詩集作『金』。〔三〕『蹂』，樸巢詩集作『圍』。〔四〕『勁颷』，樸巢詩集作『疾風』。〔五〕『鏖矛』，樸巢詩集作『風雲』；『百餘』作『數百』。〔六〕『思』，樸巢詩集作『還』。〔七〕『勁』，樸巢詩集作『王』。〔八〕『聲』，樸巢詩集作『洶』，下有『報國直追古烈士，開城反愧諸名卿』。〔九〕『男兒』句，樸巢詩集作『我公之勳在社稷』。〔十〕『豈』，樸巢詩集作『不』。〔十一〕『奚』，樸巢詩集作『寧』。〔十二〕『輿』，樸巢詩集作『一』。〔十三〕『恨彼』，樸巢詩集作『翻嗔』。〔十四〕『我懷』句下，樸巢詩集有『維公有靈腰有劍，願言借以誅蚊蝱』。〔十五〕『搔首』句，樸巢詩集作『再三問公公不語』。〔十六〕『鬖鬖』句，樸巢詩集作『參天古柏風吹鳴』。〔十七〕『宵』，樸巢詩集作『群』。

皖江

高原聊一望，潮自海門生。米艇通漁市，蘆洲牧馬兵。秋聲多在水，江氣半浮城。落日荒荒下，歸鴉野寺鳴。

五、六與唐人『千聲各爲秋，野氣欲沉山』語，各有意致。

同馬一公宿竺公精舍　四首之二

山深天易暮，自與市城殊。野水寒猶活，林烟淡欲無。松杉迷舊路，筍蕨出香厨。燈下詩初就，從師索畫圖。

風定夜無聲，禪燈照客明。茶烟猶未散，山月忽然生。滿地薜蘿影，深林鳥雀更。與君梅下立，詩思一般清。

二詩峭逸，頗近四靈。

讀宋遺民録　二首之一

宋祚終難永，諸君意自堅。猶思南渡日，不肯北朝天。字寫〔一〕金壺汁，心餐〔二〕雪窖氈。賈秦争賣國〔三〕，可悔〔四〕在黄泉？

校記：〔一〕『寫』，樸巢詩集作『字』。〔二〕『餐』，樸巢詩集作『心』。〔三〕『賈秦』句，樸巢詩集作『應知秦賈輩』。〔四〕『可悔』，樸巢詩集作『悔恨』。

夏日項于盤〔一〕姚經三小集樸巢

一雨洗殘暑，君來生晚涼。鬚眉蕉下緑，木石畫中蒼。瀹茗分寒響，開尊送夕陽。深談忘主客，清露滴詩囊。

校記：〔一〕『盤』，樸巢詩集作『磐』。

金陵寒食

二月見垂楊，絲絲拂道旁。鳥呼人過渡，花逐燕飛〔一〕梁。蜀客霜裘敝，胡姬雪酒香。不堪多悵望，寒食是他鄉。

校記：〔一〕『飛』，龍眠風雅作『歸』。

感賦〔一〕

四海務征戰，抱書安所之？將思程不識，賓笑〔二〕魏無知。關月嘶胡馬，江濤和楚辭。寄言京洛客，可是醉花時？

三、四有包孕，不獨屬對之工。

校記：〔一〕「賦」，樸巢詩集作「書」。〔二〕「笑」，樸巢詩集作「哭」。

樸巢冬日〔一〕

此地可容膝，貧居不用嫌。日烘茅屋暖，霜飽菜根甜。留客開春甕，談經下布簾。偶然詩句愜〔二〕，狂叫一掀髯。

校記：〔一〕「日」，樸巢詩集作「居」。〔二〕「句愜」，樸巢詩集作「得意」。

江村即事

深樹對溪斜，炊烟隱數家。僧收供佛米，猫戀釣魚槎。秋漲失田路，夕陽歸〔一〕寺鴉。江天飄早雪，處處是蘆花。

校記：〔一〕「歸」，樸巢詩集作「還」。

遊古林寺

好春過半不曾知，青入垂楊第幾絲？扶病尚尋山水處，養花正值雨晴時。林藏秘閣飄烟磬，竹映横塘出酒旗。偶得一詩無客和，聲聲清唱是黄鸝。

六句視「酒旗風影落春流」語，殆不多讓。

感懷　六首之一

身逢世難却爲儒，老馬無能射短狐〔一〕。白晝只尋燕市酒，黄金空羨霍家奴。醉來高座辭鸚鵡，春去南天唱鷓鴣。莫訝諸君多楚泣，幾人江左擅夷吾？

校記：〔一〕「老」，樸巢詩集作「走」；「狐」字底本缺，據樸巢詩集補。

雜感　五首之一

聞説淮揚未解圍，王師十萬竟何歸？梧桐夜唤宫烏急，苜蓿春〔一〕增塞馬肥。雲壓石頭悲畫角，風高木末吊斜暉。孤忠血戰曾三百，欲向將軍問鐵衣。

校記：〔一〕「春」，樸巢詩集作「秋」。

夏日即事

夕陽西下豆棚涼，起汲清泉潤海棠。近水藤蘿多滴翠，傍花蝴蝶對飛黄。山常到眼門難閉，巾不蒙頭髮〔一〕漸長。野馬浮雲俱絶影，小簾一穗篆爐香。

校記：〔一〕『髮』字底本缺，據樸巢詩集補。

憶在 十首之一

憶在留都三月天，風光如畫足流連。遊人走馬穿香陌，歌妓彈箏坐酒船。木末亭邊看墓碣，雨花臺畔見鞦韆。而今事事堪垂涕，錦繡河山不似前。

杜鵑

錦城花路接秦關，香雪霏時見淚斑。萬里土風懷故國，一聲烟雨失青山。夢回塞北帝偏急，春去江南唤不還。芳草無情徒泣血，中堂燕雀自安閒。

輓方井公

閒時頻喜過君家，小飲還烹紫莢茶。几上墨香摹古迹，庭前蘭暖較新芽。文星忽向寒空落，珠淚翻同夜雨加。只恐泉臺春寂寞，攜樽何處訪名花？

壽吴易水鍊師八十

先生得道樂林泉，卧石餐芝八十年。人似寒巖松挂雪，詩如秋水鶴呼天。一聲銕笛魚龍戲，九轉金丹雞犬仙。我向法壇聞妙旨，等閒消受博山烟。

方還山先生有秦中之遊詩以送之

連朝風雨淨行塵，有客辭家西入秦。宦後載舟無長物，老來彈鋏向何人？隴頭衣冷雲千片，馬背詩清月一輪。花事正繁君遠去，名園辜負牡丹春。

秋日遊北山 二首之一

宜民門外好山連，竟日追歡似輞川。落盡荷衣秋水國，吹斜雁字夕陽天。誰家竹樹藏雞犬，舊地亭臺換墓田。對此茫茫能不〔一〕醉，晚樵歸路起蒼烟。

校記：〔一〕「能」，樸巢詩集作「寧」。

吊竇公

落日郊原鐵騎橫，將軍一死衛孤城。魂隨夜月烏常喚，血染春風草不生。作厲〔一〕自能殲小醜，望〔二〕祠難禁哭遺氓。居高多少偷閒去〔三〕，未審何顏對九京。

校記：〔一〕「作厲」，樸巢詩集作「厲鬼」。〔二〕「望」，樸巢詩集作「荒」。〔三〕「閒去」，樸巢詩集作「降者」。

篋　響　六首之一

天街望斷屬車塵，血字依依念下民。萬户傷心當此日，中原啟釁是何人？願持楚璧終歸趙，敢借韓椎蚤擊秦。惆悵鼎湖龍去遠〔一〕，攀髯徒自泣諸臣。

草莽臣悲憤若此，陳、魏諸人是何心腑！

校記：〔一〕「去遠」，樸巢詩集作「已去」。

試歸感賦

歸來〔一〕門徑長蒿蓬，獨坐攤書草閣中。白燕斜銜梅子雨，黄鸝怯〔二〕囀楝花風。禰生懷刺經年滅，季子囊金作客空。欲玩新篁山寺裏，不堪溪漲小橋東。

校記：〔一〕「來」，樸巢詩集作「看」。〔二〕「怯」，樸巢詩集作「嬌」。

送吴子楷之霍山

一經傳處萬山遥，念子行遊意寂寥。麗宅可能忘主客，董帷姑且混漁樵。半天鶴唳雲常冷，五月茶烟雪未消。聞説黄精饒此地，願期歸贈比瓊瑶。

飲古埛侯宅送王鑒公之閩〔一〕

山家酒熟瓦盆香，招我攜琴過草堂。桑柘影中初掃徑，鶉鳩聲裏半栽秧。烹來野味蒓絲嫩，釣出溪鮮柳葉長。如此竹林堪寄隱，馬蹄何事逐人忙？

校記：〔一〕『宅』後龍眠風雅有『兼』字；『閩』作『建寧』。

秋　感　三首之一

酒後悲歌古墓田，淒風苦雨入哀絃。誰持玉斧重修月？願碎金罍莫醉天。柿屋經陳庚子日，柳窗詩紀義熙前。可憐素鶴驚秋露，獨向滄江淺水邊〔一〕。

極肖陸渭南。

校記：〔一〕『淺水邊』，樸巢詩集作『叫水烟』。

移居

自慚踪迹海門鴻，幾束琅函三尺桐。亂日少陵詩是史，强年永叔醉稱翁。城端暮雪高樓見，宅後寒山小徑通。欲擬西湖林處士，春風先放早梅紅。

渭南集慷慨之作。

鷓鴣

方井公閩遊攜回感賦。

雕籠憐閉羽衣斑，萬里從征海上還。一葉欲遮深夜露，九龍空憶舊家山。悲看雲樹同群少，解説風塵行路難。我未出門聞不得，君聞况在道途閒。

寄宿松黃有虔

十載不逢黃叔度，半帆猶憶白門秋。江天漠漠疏霜雁，烟水茫茫愧海鷗。劉向傳經雙鬢老，杜陵耽句一生愁。相思無奈梅花發，幾欲剡溪上小舟。

江　行

布帆遥指大江流，江上青峰對客愁。風月夢依桃葉渡，水雲身寄木蘭舟。送行鳩燕晴相語，入望魚龍暖欲浮。却羨清陰雙石在，無人垂釣老滄洲。

夏日山居

雨桐散清陰，風竹敲寒玉。亭下讀書人，鬚眉相映緑。

探梅　四首之一

仙人萼緑華，翩翩來月下。寄語五更風，吹開莫吹謝。

七夕

牛女相期事若何？人間幽恨此時多。年年留得今宵淚，銀漢應添幾尺波。

贈賣刀者

膏淬青萍映雪明，賣來可是買牛耕。樓蘭斬後英雄少，却付何人報不平？

送王鍾豫還里

梅雨霏霏江路寒，休嗟行路此時難。溪南水活魚兒出，正好歸家把釣竿。

如此勸歸，極其天趣。

感舊

板橋明月夜呼酒，繡陌香塵春看花。三十年前渾是夢，東風吹醒曉啼鴉〔一〕。

校記：〔一〕『曉啼鴉』，樸巢詩集作『舊繁華』。

社日

門前雨過緑生苔，不見穿簾舊燕來。九十日春過已半，杏花剛露一枝開。

金陵竹枝詞

竹絲帽戴草鞋拖，白蠟三條插竹〔一〕籮。拼費時錢群買取〔二〕，狀元贏得口頭多。

試場賣諸物俱稱狀元。

校記：〔一〕『竹』，樸巢詩集作『小』。〔二〕『拼』，樸巢詩集作『拚』；『群買取』作『買諸物』。

田家樂　二首之一

東川流水繞西川，布穀聲中人種田。白首村〔一〕翁門外坐，看兒樹上戲鞦韆。

校記：〔一〕『村』，樸巢詩集作『老』。

曾　旭二十四首

曾　旭　字愛九，號長汀，寄籍四川，康熙戊子舉人，官巴州學正，有桐子山農集。張弨扆序曰：『先生家世閩海，毓英吾桐，走書劍江浙間，數摩燕烏集闕，奉檄馳秦關、滇南，踵所屆者，東西數千里，朔南萬里，而僑籍西川，登賢書，秉鐸巴州，羇蜀爲最久，聊寄其英雋怪偉、豪邁壯往不可羈之致，故所爲詩結體雄深，得山川之助居多，而詞旨麗以則，其學不可誣也。』按：先生曾充雍正癸卯雲南同考官、甲辰陜西同考官。先生墓在南山岡九蓮社側。

古詩

伊傅不復見，管樂豈同流？所志在淡泊，聞達焉足求？遇主不遇時，千載成悠悠。望古一長愾，惜哉吾武侯。

自古多英雄，往往異成敗。成則爲楨幹，敗則爲草芥。即如漢姜維，甯不如鄧艾？成敗一朝殊，功名昭法戒。每讀季漢書，亦爲發深喟。

謁武侯廟

下馬錦城南，摳衣拜名世。莽莽莘桑荒，寂寂渭川逝。千年架漏場，補苴規一切。先生卧南陽，慨然矢匡濟。管樂豈其倫？自比有深意。春秋大復仇，尊王申正義。繄彼雜霸流，名猶光傳記。以此吟梁父，默默寄斯志。感遇許馳驅，風雲動天地。蜀井一凭闌，飛光耀赤幟。豈知煉石勞，又當天帝醉。揮劍指長空，秋風將星墜。惜哉伊呂儔，成功輸仲毅。生才自古難，況茲王佐器。空勞六丁甲，長守陣圖秘。我欲叫閶闔，吁嗟雲路蔽。

詠懷雜詩

步出齊東門，泰山何高哉！長空無片雲，千里青嵬嵬。我欲陟其巔，一嘯開心懷。自顧無羽翼，淚落漬塵埃。

驅車大梁道，習習悲風生。嗟彼兔園客，遭時遇王明。凭軒一賦雪，遂擅千秋名。士不附青雲，頭角空崢嶸。何怪彼時髦，聯袂日營營。

汲水行

兒抱甕，母操綆，夜深人靜出汲井。道遠力薄瓮初盈，霜天月落鶏亂鳴。飛水濺衣冰有聲，吁嗟斗水亦何直？我生命苦慳涓滴，母子相持一路泣。

恭送大人之蓼州

白盡頻年髮，風霜又遠遊。半生家國恨，千里稻粱謀。去住心同切，田園志莫酬。西山薇蕨少，何計守瓜丘？

再拜長鬚僕，晨昏代我行。服勤須有禮，就養在長情。不盡牽衣泣，慚聞反哺聲。客中寒入易，歸計蚤經營。

雅州雜詩

萬里古橋東，輕舟指蔡蒙。旂飄金馬雨，江轉石犀風。過眼悲陳迹，回頭失故宮。無情衣帶水，送客只匆匆。

舟人喧隔夜，朝渡虎灘高。夾岸森星石，中流轉雪濤。剥椶牢續纜，選竹健爲篙。行路難如此，爲生亦太勞。

路轉忽深洞，沮洳飛細泉。陰風吹太古，積雪自何年？蒼壁蛇縣蜕，空潭蜴吐涎。定應魑魅藪，毛骨自森然。

山風忽吹帽，野菊欲成花。又是重陽近，頻催客鬢華。雲霄迷鸛鶴，天地老蒹葭。作底消清晝，空庭數過雅。

送錢田間先生赴宛平相國之招

黄閣開筵迎父執，白頭騎馬客京華。却憐少日八叉手，孤負春明萬樹花。老去才名更誰道？往時心事豈深嗟。此行知爲傳書出，屈指秋江看晚霞。

所著易學、詩學、莊屈合詁及詩文全集數百卷，王門諸公謀爲刊布，故有此行。

過李芥須先生墓

一抔荒土亂山巔，野樹青青咽杜鵑。海内有詩傳白傳，隴西無子繼青蓮。輸將半世浮雲累，結得三生孤鶴緣。寒食何人來上冢，不通名姓自焚錢。

過徐昭法先生澗上草堂

虎丘昨拜誠臣廟，謂尊公九一詹尹。澗上今過節士居。白屋巋然存劫後，青山無恙是秦餘。君親命寄雙蓬鬢，日月光懸一草廬。莫只雲中認鷄犬，須知苦節異逃虚。

登成都城樓

蜀道西盤路十千，岷峨遥峙錦城邊。天垂瀛海一泓水，秋散梁州數點烟。青鳥不通雲外信，紫霞空憶望中緣。此身多故長爲客，腸斷蘇君二頃田。

漫　興

孤帆憶昨下峨岷，水繞三千盡要津。到處亭臺惟見鹿，幾經城郭不逢人。瘡痍滿眼須加拯，旃毳連山足損神。且喜中丞能静鎮，起衰應更任才臣。

關隴茫茫華嶽西，西秦王氣久淒迷。春風渭水魚何有？秋草昭陵馬不嘶。海内甲兵三輔勁，斗南星象隔年低。遥知大獵陳倉日，定向祠堂見碧鷄。

險搤洪河砥柱尊，安流百代禹功存。曾聞周鼎營伊闕，尚見唐銘勒鬼門。洛口倉中資盜餉，中州貢舊達咸原。聖明開濟須當急，痛哭何人肯盡言？

臨淄十萬户縱横，縣耜家家春鳥鳴。爲雨空瞻東嶽石，靈風不下女郎旌。燕歸民舍悲無主，鼠耗官倉輒有名。滄海遼城通一望，島間或恐遂深耕。

病中雜詩

稜稜瘦骨日頹摧，僮僕欺人喚不來。病葉戀枝吟霧雨，孤鐙如豆耿寒灰。若教死去憑誰證？縱得生還亦可哀。不是半生重朋友，殘軀久合委塵埃。

十年客路歷峥嶸，不死天隅死帝城。後事可憐勤執友，聞胡書百、左洛三經紀槥木，絞衾備至。未完只合怨多生。如蒙好義歸吾骨，便乞雙親共一塋。想到百年無主祀，林猿先有斷腸聲。

山市

樵路細通村，臨流山市冷。時有沽酒人，穿雲上寒嶺。

濕州道上

山川繚繞古回中，玉石俱焚甲帳空。獨有茂陵原上草，年年憔悴泣秋風。

曾梅三首

曾梅 字良存，號春巖，嘉、道間布衣，有放吟集。

擬青青河畔草

青青河畔草，瀼瀼零露早。別君在青春，思君在遠道。妾淚終朝流，君心不可保。草枯枯復生，顔衰衰竟老。

柳枝詞

百尺樓頭見柳枝，柳枝風裊綰相思。當年空作封侯想，留取閒愁鎖翠眉。

旅館餞春

來是春風吹送客，春歸翻作送春人。未知留得春風住，曾否鶯花伴此身？

嚴紳十八首

嚴紳 字朋韭，號蝠巢，雍正間太學生，考職州判，有靈壽山人詩集。劉才甫序曰：「蝠巢生有異質，勵志讀書，夜讀常至雞鳴。工詩，善草書。相國張文和公愛其才，常欲薦之於朝，不果。蝠巢有治劇之才，而不得施設。鄉鄰有争訟，必以質之蝠巢，而事乃寢。康熙甲午歲大祲，衆於雙溪上爲粥場以賑。蝠巢曰：『飢者數十里而來，一啜粥而歸，歸則復飢。

其老弱難行者終不得食，是不如計口授之米也。而賑米之羨，復買山以瘞枯骸。」其後有賑濟之役，皆依此法行之。因此全活甚衆云。』

過丁龍山草堂喜得見先君墨蹟

先人書法規鍾王，片縑隻字球琳琅。可憐零落水雲鄉，購求不得常傍徨。陟彼龍山山之岡，茂林修竹紛蒼蒼。茅檐處士丁世康，博古能文重縹緗。搜羅名蹟無留良，吾翁筆墨多珍藏。短几明窗發古香，盥手展閱喜欲狂。感君高誼逾尋常，分余尺幅字兩行。再拜受之儲錦囊，何以報之銘肝腸？秋樹蕭蕭落葉黄，樹欲静兮風飄揚，望白雲兮思渺茫。

喜張雁民見過　二首之一

萬里常爲客，新從泰岱歸。忽來春雨夢，猶帶嶽雲飛。香動青蓮浦，烟深白板扉。剪蔬成薄醉，蘿薜已光輝。

王印溪同遊浮山　四首之二

就石開斜磴，螺旋上白雲。雲中一青鳥，來往自爲群。空谷答人語，桃花如我醺。晚鐘何處動？聲似甕中聞。

三十六洞天，各各貯雲烟。但得一天住，皆能成地仙。與君俱老病，於此養餘年。芝草化白石，餐之牙齒堅。

同吴止白黍坪坐雪分得紅字

歸路杳無際，亂山西復東。竹深烟靄合，林淨月痕空。髮已垂頭白，顔憑借酒紅。一聲清墮瓦，雲表嘹飛鴻。

送耕泉弟 三首之一

又是一年去，沉沉爾奈何？事如人意少，霜入鬢毛多。亦有彈棋局，空知種豆歌。相看杯在手，梅影落金波。

鉛山道中

好是鉛山縣，藍輿驛路輕。過橋搖酒旆，繞郭走溪聲。花競先春發，塵憐遇雨清。鵝湖千頃雪，雲外夕陽明。

寓居水明樓同寺僧息凡對月

月出押衙洲，光生城上樓。樓中有羈客，心折大刀頭。砧杵急寒夜，關山悲暮秋。息公慚對汝，高枕水東流。

訪許古鵲

蛟臺東畔𠙶峰西，出入常聞過客迷。曾倩梅花通曉發，敢攜筇竹叩幽棲。萬重巖壑雲孤往，十里松杉鳥亂啼。翠靄欲沉蒼霧迴，校書齋閣已然藜。

雜　詩

錢塘江上是兒家，常采芙蓉到若耶。怕散鴛鴦遲打鴨，愛迷蝴蝶預催花。稱身白苧衣裁雪，覆額烏雲鬢學鴉。每憶西陵松柏下，郎騎驄馬妾乘車。

哭劉圭峰

四十九年愁裏身，東南萬里困飛塵。一無所就致奇疾，何不可忘惟老親。黃土付兒埋剩草，白頭扶病哭殘春。瀟瀟暮雨灑寒竹，凄絶亂山山外人。

盆松

愁絶雕籠著野禽，孤根誰與斸層陰？本非樹木十年計，辜負陵雲一寸心。雨露不私青翠小，烟霞無分緑苔深。可憐風掠幽窗晚，猶有濤聲似故林。

夜雨

家在江南桐水間，垂楊津市蓼花灣。幾時種月藤陰古，隨意登樓草色閒。畫艇人來頻卜夜，蹇驢秋至獨看山。誰教老去翻爲客，冷雨孤燈兩鬢斑。

新秋子夜歌　六首之一

團扇香消别院風，黄昏小立紫蘭叢。與儂一樣知秋早，井上梧桐砌下蟲。

同吳止白許古鵲遊黄華寺

落日西風吹短衣，雙雙蕭瑟故人稀。自燒黄葉烹寒緑，一樓茶烟出翠微。

恰恰

恰恰鶯啼旌節花，休教定子撥琵琶。春風睡靨新開後，更有何人值破家？

月夜聞笛有感 二首之一

中天月色夜深清，哀怨何人捧玉笙？十五年前鶯燕夢，不堪重聽斷腸聲。

暮春同許書林左一松龍眠即事　四首之一

縣官清儉四郊肥，深谷人家不掩扉。邂逅老翁林下屋，勸嘗村酒夜深歸。

嚴　青十三首

嚴　青　字遥青，號東湖，乾隆初諸生，有東湖詩集。劉海峰序集曰：『遥青嘗爲學官弟子，而其心泊然寡營，不爲科舉所蕩摇，不以得失摧挫其氣肆，其志於山窮水僻之外，率然而吟，蕭然而詠。平生所爲詩裒然而成集，卓乎其有可以傳也。』周芬斗序曰：『東湖淵源家學，而才思宕逸，敏捷千言，如天馬行空，不受羈勒。宫諧徵叶，玉節金和。有時粗服亂頭，愈見風流藴藉。惜乎僅以茂才籍學宫老也。東湖書法工懷素體，以其草書寫其詩歌，人嘆爲两絶云。』

與友人論詩 三首之一

古人之文章，性道與俱存。嘗讀離騷篇，悠然想荃蓀。胸臆若無蓄，陳述皆凡言。繁華滿洛陽，獨卧梅花根。

寄從兄禹谷

爾我先人好，情因一本深。江湖鴻雁影，風雨鶺鴒心。一榻此間月，孤雲何處琴。池塘十年夢，酒對梅花斟。

左忠毅公祠 二首之一

俎豆馨如此，當年愁苦深。還家無白骨，報國有丹心。天地幾風雨，江山空古今。數章遺疏在，展讀淚沾襟。

雙溪送友之秣陵

梅花溪水夜，楊柳秣陵春。勸汝一杯酒，明朝千里人。應逢青眼客，遥慰白頭親。供奉祠邊過，爲余薦白蘋。

先　生

先生無不可，閒處是生涯。春夢多於醒，秋林半是花。掃雲移短榻，敲石煮新茶。落月看飛鳥，蒼茫何處家？

寫　懷

寂寂老將至，悠悠星暗移。長爲賤貧士，有愧聖明時。短榻千愁集，孤燈一夢遲。茫茫天聽遠，屈子底深悲。

曉發

枕上秋吹遊子魂，馬頭楓葉正紛紛。鷄鳴野店荒荒月，蟲語山厨寂寂聞。斷岸霜餘幾片石，遠天峰抹一痕雲。遥看楊柳旗亭近，路轉蘆灣水又分。

酬柳溪

當年四謝束修求，知我同聲約共遊。别後青囊過北海，每來洪墅憶南州。柳溪舊館於盧邑洪塾，因與聚首。於今又下何門榻，幾處空回訪戴舟。正欲問奇新句到，水窗拍案起河鷗。

留别安三兄

纔得團欒月一輪，灞橋又愴柳條春。落花滿地嘶斑馬，芳草連天别故人。夜雨綈袍憐范叔，夕陽潭水憶汪倫。何當縮近桐山路，共釣寒雲比逸民。

五律摘句：『孤夢不成蝶，短墻何處雞』；『明月此間照，浮雲何處家』；『落日盡飛鳥，青燈來古人』。七律摘句：『窮愁到骨詩成史，離别驚心鬢有霜』；『楓葉蹇驢茅店雪，梅花短笛板橋烟』；『五里路聞三里哭，十家人訝九家空』。

閨情

珠簾曉日捲晴霞，淺黛輕羅倚絳紗。人自傷心春自好，雙雙粉蝶繞桃花。

臨清閣落成　二首之一

開盡南窗水一灣，緑波紅蓼白鷗閒。蘆稍一縷晚霞盡，海上青來萬點山。

悼亡　五十首之二

同來食葉戀桑枝，雨雨風風三幻時。君作春蠶成繭去，那堪我老更添絲？

一夜西風落葉黄，旅人各自起還鄉。可憐家在無歸趣，老馬馱愁趁夕陽。

嚴琦三首

嚴琦 字紫來，號蘊山，乾隆間諸生，有蘊山詩稿。

友人書屋

新搆屋三間，雙扉晝不關。緑披堆案字，青見對門山。月上添吟興，花開助笑顔。何時共樽酌，消得片時間。

罌粟

幾曲欄杆小苑西，米囊花放路全迷。紅稀緑暗凝妝淡，夏淺春深結隊齊。繞徑晴烟飛淡蕩，回風倩影映高底。滿園景色誰堪擬？斜捲珠簾錦字題。

昭　君　二首之一

宮中幾載寂無聊，懷抱琵琶辭漢朝。馬上凝妝君莫悔，本來顏面畫難描。

董　威七首

董　威　字江醇，號魯泉，康熙間縣學生，有慕廬詩草。胡宗緒董江醇慕廬山莊記：『魯徙石牛溪之源，是爲吾友董君江醇之居，曰「慕廬」。慕廬者，董君祖若父再世葬於兹土，弗敢忘，乃築室於場，以享以祀而時致其思焉，故曰「慕廬」也。廬臨大阿，連嶺環青，仰見團團之天，而旁不見谷口，如隔於人間。然其中草樹噴香，物色駢妍，風篁摇音，泊乎凄乎，當其適也。若與鴻濛雲將遊，猖狂而不知所往也。廬之側有屋，曰「魯泉書屋」。有飛泉二道，從樹間來，交流於門之外。左有釣魚臺，俯乎渟泓，沙石皆見；右循澗道，入於磥砢，迷於髟蔓。而繚而陟者曰「繞雲梯」，攲而偃者曰「仙人牀」，漻而寂者曰「濯纓泉」，瀉而鳴者曰「疊源瀑」，負隒而亭者曰「界青」，跨壑而屋者曰「藏舟」，玲瓏蕭森，與「慕廬」效其靈奥焉，董君歲時伏臘，率其二三昆季、幼子、童孫，升岡凌而望，旁皇焉，躑躅焉。拜且奠於墓之下。

爰汲於疊泉之源，采於靈椒之林，相與歸而酣於「慕廬」之中者，若有所待命然者而後進。董

君好讀書，工畫，尤長於詩，才堪世用。然自「慕廬」成，遂終其身不復出。予歸自江東，歲再省墓於胡坂之原，往來於石牛溪上，一訪董氏之居，予愧其莫能及也。』

雨　止

風蕩黑雲盡，蒼涼雨驟停。山容如輟沐，草氣尚聞腥。招鶴溪邊徑，彈棋竹下亭。化機隨意得，閒適欲忘形。

早起見白鷺

愛爾孤飛遠，翛然得自娱。隱堪棲海國，行即達天衢。瘦骨心多傲，柔翎性不污。崑崙有白鶴，高潔若相符。

過田莊

夾道松楸立，微風款款生。嵐光隨路轉，秋色逐車行。老屋無塵跡，疏林但鳥聲。試從田野望，一爲暢閒情。

歸魯拱山

一徑入深谷，飛泉鳴樹間。霜楓紅夾澗，烟篠緑連山。舉首近霄漢，長歌遠市闤。晚秋風景好，人似畫中閒。

初夏雜興

披襟坐愛午風涼，夢轉南柯覺晝長。把酒最宜來密友，捲簾恰好對斜陽。當軒松檜垂新緑，滿架詩書發古香。檢點青囊歸塵慮，輕羅細葛意翩翩。

贈山中老人

山人不知年，襟懷殊落落。下如巖底松，上比雲中鶴。

暮秋晚眺

夕陽斜影晚烟收，歸鳥聲中水漫流。菊蕊含黄楓葉赤，两般顔色一般秋。

董咸六首

董咸 字澤山，號吕泉，康熙間國學生，有真率集。

春初送趙梅瞻西山讀書

草色初青柳漸垂，春郊送爾動離思。一氊久坐烟霞裏，萬卷旁搜風雨時。步徑新鶯晴囀早，捲簾圓月夜來遲。閒中著述應無限，寄我孤窗手自披。

贈胡吟菊

歲月閒過四十年，一編寒守自蕭然。焚香拂几心俱浄，鍵户繙書夜不眠。骨爲好吟常覺瘦，坐因耐冷早無氊。山深未許催租到，日日嵐光照案前。

送漢儒弟之蘇州

揚帆獨自走天涯，笠澤虞山去路賒。一棹烟波江上客，五更風雨夢中家。花飛野岸鶯聲遠，柳拂孤舟月影斜。悵望不堪千重外，可知回首暮棲鴉。

呂泉山莊

魯子名山石徑斜，宅依先壟作山家。泉流幽澗何嫌曲，鳥唤深林不厭譁。静聽鐘聲傳古寺，閒呼童子掃殘花。而今始覺塵襟净，萬壑千巖逸興賒。

春日山莊雜興

茅廬深谷静無聲，野草蒙茸緑漸横。獨坐漸知春社近，夜來新笋隔籬生。

山莊題壁

石几繩牀意自如，寂寥疑是子雲居。閒中底事消清晝，一首新詩半榻書。

董定遇五首

董定遇　字志行，號曉堂，乾隆間候選州同知，有緑蔭軒初稿。

浮山一線天

紆回洞口碧雲連，大腹中藏出自然。白晝飛泉常似雨，蒼巖留穴任窺天。離離石壁摇青影，隱隱松濤散翠烟。鑿空陵虚成化境，忘機静對日如年。

秋日過田家

漫道荒村暗淡中，款賓雞黍樂融融。小池風泛芙蕖緑，短架烟横豆莢紅。共話桑麻欣稔歲，更談誦讀見淳風。悠然對酌茅檐下，待月開樽酒不空。

三慧庵納凉

對僧無語悟清禪，静裏跏趺别有天。竹擁山窗都忘暑，松垂石榻更宜眠。争枝鳥落空庭内，歸壑泉流曲檻前。烟景畫圖描未得，就中趣味有真詮。

舟夜

倦客思歸意渺茫，雲開萬里望江天。波平浪静宜沽酒，月白風清好放船。雁落遥汀聲乍歇，燈明遠浦影相連。宵深野市頻催柝，貪看清輝未肯眠。

石塘途中遇雨

賞花未到花開處，霡霂隨風散馬前。一路溪橋添曉漲，幾家茅屋起朝烟。野梅的皪疏籬外，細草蒙茸曲澗邊。霧斷前山遊興遂，數聲鴻雁過江天。

卷三十九

王　檩　胡　淳
蘇求莊　同校

臧天格一首

臧天格　字壽平，順治乙酉舉人，年二十三卒。

漫　題

花飛白雨柳條黄，山色重重上夕陽。春去春來春不解，愁心偏似柳條〔一〕長。

校記：〔一〕「條」，龍眠風雅作「絲」。

厲　貞一首

厲　貞　字羽元，順治間處士。

簡友人

深谷松千樹，寒塘水一灣。翠微依石屋，蘿薜繞柴關。丘壑餘生計，風塵壯士顔。含愁不[一]成寐，鶴唳更[二]空山。

校記：[一]「不」，龍眠風雅作「忽」。[二]「更」，龍眠風雅作「滿」。

厲　吉一首

厲　吉　字□□。

簡友人

忽憶論文友，山中正索居。欲將春社酒，共讀古人書。明月掃花徑，相期過草廬。貧家何所有，君莫笑無魚。

項紹芳一首

項紹芳 榜姓徐，字又芳，號勄思，順治乙未進士。

四月八日南海子引見

禁城遥見綴衣開，争喜年芳入睿裁。繞仗影隨鵷鷺步，瞻天路出鳳凰臺。驚傳玉尺恩綸沛，漫著歸鞭按轡回。共道臨軒將策士，懸知幾士子雲才。

項紹烈一首

項紹烈 字恒曙，號安愚，紹芳弟。

有感

白衣蒼狗變無端，平地驚翻大海瀾。毁室未堪家難集，全生惟仗主恩寬。文章自愧雕龍薄，科第真成畫虎看。且向青山結茅屋，蒔花種竹任盤桓。

項斌一首

項斌 字存真，號靜岑，嘉慶間國學生，早卒。

偶感

翦翦東風麥浪齊，一簾雨過小窗西。多情最是三春鳥，猶向殘花恰恰啼。

柏廷植一首

柏廷植 字培二，國初諸生，早卒。

雪〔一〕

積雪空山裏，寒林出曉烟。隴梅封蕊合〔二〕，野竹壓枝眠。曲澗冰花纈〔三〕，高樓玉樹懸。

翻憐貧自好，冷不到青氈。

校記：〔一〕龍眠風雅詩題作雪後之館。〔二〕『合』，龍眠風雅作『住』。〔三〕『纈』，龍眠風雅作『合』。

杜陵一首

杜陵 字又少，康熙間貢生。

新茗

冰甌初試雪坑春，頓覺清涼沁入脣。爲愛龍芽三月早，且嘗雀舌一年新。香分玉液全承露，色似蘭花未染塵。解渴懸〔一〕知功莫敵，相如何事漫傷神？

校記：〔一〕『懸』，龍眠風雅作『穩』。

許來惠三首

許來惠 字伊人，康熙間歲貢生，官瑞安縣丞。

盧溝橋

滾滾盧溝橋下水，行人都説〔一〕古桑乾。遥看上谷河千里，近〔二〕踏黄沙月一灘。馬到城邊知放步，衣當春盡戀餘寒。故人多在都門住〔三〕，解橐先謀竟〔四〕夕歡。

校記：〔一〕『説』，龍眠風雅作『指』。〔二〕『近』，龍眠風雅作『誰』。〔三〕『多在都門住』，龍眠風雅作『住在前門裏』。〔四〕『竟』，龍眠風雅作『一』。

誰家郎

園傍櫻桃春酒樓，當爐二八女嬌羞。五銖薄袖風前舉，一曲清商月下謳。白馬騎來垂柳下，青梅拋過短牆頭。盧家少婦温存好，可是當年舊莫愁？

無　題

東風吹柳自絲絲，正是蕭郎欲醉時。幾朵梨花憐素影，半鈎新月見蛾眉。经年人向星前立，一枕香從別後疑。惆悵小窗人去後，秋孃可復問微之？

許定國一首

許定國　字魯瞻，國初武學生。

白雲巖同吳湯日先生宴坐偶述

我來雲巖上，不見白雲飛。石冷泉依户，霜晴樹吐衣。人行前寺暝，僧話隔林微。况對投簪客，談玄到夕暉。

許元英一首

許元英 字子俊，康熙時布衣。

過友人留飲

茅屋依山徑，幽閒處士家。庭栽陶令菊，圃種邵平瓜。翡翠穿芳樹，倉庚啄落花。自封家釀熟，不用隔村賒。

許七雲十首

許七雲 字耕華，康熙間諸生，有香畹詩集。周聘侯序集曰：『耕華少負儁才，折節讀書，味道自愛，意氣豪上，力追古人。每酒酣耳熱，縱談今古，議論風發泉湧，提筆爲詩，不名一體，而能兼眾妙。間一出遊，登臨觴詠，與海内詩人相賡和，動輒成帙，見者寶之。』陳璐序集曰：『許子天才既高，績學深至，其形諸歌詩，即事觸物，兼備諸體，無不練研精造，刊落浮華，而幽閒澹肆，極其性情之所之，而自然各具眾妙。』

西湖寄起鳳姪

我生志四方，不欲老鄉里。今春走吴越，爲愛西湖水。亭臺護雕欄，笙歌媚桃李。把酒發長嘯，偉哉遊有此。攜手兩三人，胡爲獨遺子？念子輾轉思，觸景無時已。有峰插南北，白雲隆隆起。攀蘿踞絶頂，遥望桑與梓。欲采五色花，浣作蜀濤紙。繪此西湖圖，寄子茅堂裏。便可坐卧遊，朝昏差足喜。歸來指點看，當時聊復爾。

山居雜興

沿谿書帶草，宿雨滴浮青。引徑曲藏屋，蘖花缺置亭。閒中釃酒便，病起試方靈。兀坐忘言處，東風冷畫屏。

遊浮山

穿雲衣染翠，蹋草屐生香。空洞走清磬，危峰點夕陽。天連湖水白，花覆石牀黃。倚杖閒吟處，橫飛雁幾行。

鑑湖舟中

人依秋水浄，舟入鑑湖輕。山斷過雲影，天空落雁聲。把杯烟共緑，放眼月同明。幾處菱歌動，蘭橈畫裏行。

越遊雜詩 十六首之一

鶯脰湖邊月，清光損夜眠。漁燈出柳外，蟹火亂沙前。自笑山中客，長歌水上船。雞聲纔喔喔，練市已炊烟。

櫸谿吟 左二松別業 三首之一

客竈乞鄰火，炊烟莽翠微。焙茶裁竹甕，課藥掩荆扉。鈴語聲初過，園香花亂飛。泉痕活井脉，隱隱溜階肥。

泊京口

潮落潮生鐵甕城，海風吹散露華清。蒲颿收月船無事，戍鼓催春夜有聲。近水人家多賣酒，種花江舘聽吹笙。亭臺蕩漾烟波上，一碧金山繫客情。

紹興留別劉圭峰阮世基

驪歌唱徹酒杯空，底事他鄉感慨同。別淚已成黄雀雨，歸情翻恨鯉魚風。烟堆曉岸千帆白，霜染寒山萬樹紅。望斷長橋人影散，何堪飄緲亂雲中。

喜殷翼舉癸巳春榜孝廉

君居村北我村東，管領浮生歲月同。幾度江干雙買櫂，只今天際獨乘風。太平書卷讀何盡，有道文章獻所工。好是老親看健在，白頭快對杏枝紅。

晚　晴

散盡寒雲作晚晴，梅花香處夕陽明。山翁正熟冬青酒，愛聽柴門剝啄聲。

許　邁二首

許　邁　字嘯斗，號石村，乾隆壬申舉人，官高郵州學正，有吴遊詩草。安徽通志：『邁任學正，奉檄勘水災，力矢公勤，有勘災絶句二十首，纏綿愷惻，聞者動心。』

夜過金山

濤聲萬疊擁金山，咫尺幽奇未可探。辜負人間泉第一，微茫江上月初三。空林四面出清磬，古佛千燈沉碧潭。羨煞當年張處士，醺醺終日醉烟嵐。第一泉在金山江邊。

重過無錫

桑柘涵烟漸午炊，延陵客過片帆遲。空山古廟思黄歇，老樹荒城吊范蠡。來日雨晴梅子節，歸途霜凍菊花期。阮囊莫謾愁羞澀，記得長橋舊酒旗。

許鑛五首

許鑛 字文芙，號問皐，乾隆庚子舉人，官會同知縣。

題會同巖屋寺壁　詩石刻在湘江上。

我家住浮山，浮山巖洞好。三十六巖懸，七十二洞窈。洞洞隱仙蹤，巖巖留鶴爪。愛此住山中，登臨望昏曉。浪跡走天涯，見説人間少。何意朗溪濱，巖洞亦奇巧。削壁四圍周，回峰三面繞。鬼斧神斤異，擘劃疑難考。躡屐凌空樹，虬松雜翠篠。俯瞯枯樹巔，青青長瑶草。安得折高枝？有翼同飛鳥。薄宦倘夙緣，不厭山城小。仿佛故鄉山，何須歸去早？

板子磯

萬里吴江入望賒，江流噴欲水無涯。勢吞牛渚沉金鎖，形控蟂宫捲白沙。斜日两三行旅雁，孤雲千百點歸鵶。行人待繫懸巖纜，烟樹春深散落花。

録晚香玉

皎潔真如玉樹枝，貯將瓷斗恰相宜。花開九夏原非早，香放三商更喜遲。愛爾似當才老日，驚人多在夢醒時。古今晚節同珍重，休以懷瑜怨莫知。

儀禮注：『三商爲昏。』

偕楊米人司馬春遊

半間茅屋野人家，門外東風一樹花。過客莫嫌春意少，爲留餘地種桑麻。

溪山訪友圖爲查琴伯題

故人久負溪山約，此老夷猶一杖横。行過小橋知路近，楸林茅屋已雞聲。

許新堂二首

許新堂 字鹿柴，乾隆初歲貢生，有夢華録。王起鵬序曰：『鹿柴念切尋山，情深望嶽。解衣磅礴，策杖躋攀。攬勝題名，放懷詠古。高唱入層雲，攜謝朓驚人之句；狂歌登絶頂，作青蓮搔首之呼。山固削成而四方，詩更特立而千仞。洵得河山之助，而邀筆墨之美也。』

石羊城

夢華録皆遊華山之作，凡五十六首，今録其二。

平生愛山水，駕言越林鹿。千里西嶽遊，累日窮幽曲。仙人黄初平，叱石成羊谷。巖屋問無主，鱗次都相屬。山桃花茸茸，千年果欲熟。

大上方

駕鶴飄飖上碧天，三郎何處問金仙？細辛零落坪前草，一路涼風吹暮烟。

許凌雲一首

許凌雲 字鳳翥，號遂庵，雍正間布衣。

寄友

幾年雲樹鎮相思，記得江城握別時。楊柳千條風似剪，杏花十里雨如絲。

許恒二首

許恒 字融在，號素軒，乾隆諸生。

九曲口

山村依水折，折盡一村前。花向橋邊落，門隨樹杪懸。輕烟烘緑草，峭壁劃青天。借問棲遲客，經今住幾年？

秋興 二首之一

陰雲壓岫楚天低，日坐江樓憶湲嵇。定遠旌旛原祭酒，驃姚蹋鞠是奴奚。金盤露冷銅駝泣，紫塞風高鐵馬嘶。七尺長槍三尺劍，封侯應自在遼西。

許貽發二首

許貽發 字柬檢，號一齋，嘉慶初歲貢生。

舟次北固山下

驚濤撼山麓，皓月滿津樓。古戍烟沉壁，平沙夜泊舟。誰歌紅板屋，猶唱白符鳩。岸峻江聲急，英雄恨未休。

龍泉庵

山與碧天近，人從鳥道來。高風掃霾霧，空際湧樓臺。瑶草挂巖緑，桃花横洞開。竹林新雨後，寒翠落莓苔。

許　節十二首

許　節　字寶符，號信庵，乾隆間貢生，官英山縣訓導，卒年九十二，有雞肋、咫聞等集。馬映奎壽序：『先生早從劉海峰先生遊，貫穿經史，淹通百氏。生平厚重，寡言笑，有古人風誼。行年將九十，鶴髮童顔，精神康强，無異少壯。』

徐鹿柴書室落成詩以贈之

大雅苦徂謝，經畬多榛蕪。徐君磊落姿，獨能擷膏腴。澄心慮以渺，高懷古爲徒。結廬既遠俗，丘壑因之殊。嘉樹蔭前檐，好鳥鳴四隅。左有琴與尊，右有典與謨。世家餘故物，架筆用珊瑚。終日坐其中，悠然見真吾。我生殊落拓，頻年苦饑驅。不吝一枝借，慰此南飛烏。願言數晨夕，從子遊黄虞。

秋夜

攲枕聽蛩聲，空齋已二更。酒醒愁又至，燈燼夢難成。往事那堪憶，流年殊自驚。披衣還起立，窗外月華明。

風蔦〔一〕

人巧由來奪化工，高飛不必羽毛豐。天衢縱與凡塵隔，雲路能教線索通。垂翅只愁榆莢雨，振翰還藉柳絲風。蟠泥升漢須臾事，都在兒童掌握中。

校記：〔一〕『蔦』，皖雅初集作『鳶』，是。

雁聲 秋夜四聲之一

簾幙微寒已漸生，忽聞雲外雁傳聲。圖南欲到衡陽渚，畏冷先辭那奈城。關塞路長更漏短，稻粱情重旅愁輕。北來書信無消息，悵望遥天空月明。

過揚州

復闕重關控海隅，江淮形勢鬱盤紆。岡巒地脉潛通蜀，牛斗星躔半入吴。東閣風流何水部，西京儒術董江都。我來攬勝更懷古，莫漫重尋舊酒爐。

登平山堂

高枕横岡豁遠眸，廬陵老子擅風流。偶於山水留遺跡，常使登臨作勝遊。繞樹嵐光平墮席，隔江秋色正當樓。低徊莫漫催歸去，更煮香泉試一甌。

采茶竹枝詞

梨花漸白柳猶黄，春到山村草亦香。領上茗芽三萬樹，凍雷一夜長旗槍。
一枝两枝乘早春，一摘再摘正愁人。嫩芽摘盡花猶發，花好争如不救貧。
製就龍團别樣新，煎成碧乳味生春。争知石鼎調松火，不是山中采葉人。

題觀釣圖

道是新吾即故吾，柳堤花港狎鷗鳬。從今更結烟霞侣，一片閒情入畫圖。

重遊泮宫

袁簡齋太史擬重赴鹿鳴，作重遊泮宫詩，一時士林傳爲佳話。余於乾隆丁亥年入泮，迄今周甲，適以選授訓導來英山，因作重遊詩。

六十年前泮水遊，至今芹藻想風流。當時舊侶依誰在？也抵三公尚黑頭。

明妃

出塞何須問畫師，芳名至竟重華夷。六宫粉黛知多少，老死長門却怨誰？

許蓋臣十一首

許蓋臣 字錦城，嘉慶間諸生。

李龍眠四賢圖

米人慕米師米顛，平生與米深結緣。觀公遺墨見公貌，曾聞拜石呼顛仙。何人執筆圖昔賢，隱然神妙秋毫巔。空堂素壁起涼吹，頓令長夏忘煩煎。襟期灑落争文采，海嶽風流宛然在。袖裏深藏窈窕雲，爽氣飄然出東海。披圖坐與前賢親，其上圖者凡四人。一人捧石具顛意，两人聯袂觀瑶珍。一人扶杖屹相向，芒鞋箬笠飄荷巾。曰蘇曰黄曰米蔡，龍眠老子傳其真。鬢眉毫髮態不一，一一飛動超群倫。我聞研山舊石南唐寶，神物流傳歸米老。淚滴蟾蜍失翠峰，船亡書畫埋荒草。髯夫子，涪道人，流風歇絶同端明。惟有襄陽野老一片石，令人想像萬古撐寒瓊。方壇玉笥不可見，對此亦覺心神清。文人好石非好怪，石號文人知其介。非公拜石不應嗔，我展此圖重下拜。

暮春極目

白絮因風起，紅冰作雨飛。苔痕鋪地毯，山色渲天衣。園廢厨蔬少，庭空梁燕稀。自然消萬慮，不是學忘機。

憶家

萬疊龍眠擁髻鬟，吴儂家在翠微間。卜居甯必東西瀼，招隱惟求大小山。歸去何時三徑刈，年來先遣二毛斑。雲霄只許鵾鵬徙，誰爲開籠放白鷴？

過清水塘感舊

太息春花又一經，關山如故物飄零。塵封畫閣人千里，鶴唳清風月半亭。鼓吹寒城催薄暮，烟雲野樹入蒼冥。可憐清水塘邊草，猶自離離一色新。

杞縣曉發

歲暮風霜里，脂車月未西。宵行非起舞，聞遍汝南雞。

閨　思

休去采芙蓉，秋江烟水空。閒愁無頓處，著在兩眉峰。

浮山夕照　八首之一

此爲八景之一，八景者，桐梓晴嵐、練潭秋月、投子曉鐘、孔城暮雪、樅川夜雨、竹湖落雁、荻埠歸帆，與此而八也。

託身久欲在浮山，數點晴巒水一灣。卷盡暮雲開晚照，空明霞影薄烟鬟。

練潭端午竹枝詞　四首之一

端陽何處好嬉遊？練水街南練水流。繚繞一聲齊喝采，龍頭石下鬭龍舟。

絶　句　三首之一

黄公山下日初斜，十里平湖三两家。草緑衡門無客到，呼童閒灌佛桑花。

過陡岡

流水棲鴉落葉黄，松林雲霧晚蒼蒼。驅車自笑緣何事，和雨和風過陡岡。

遣悶 六首之一

越王城畔鷓鴣啼，普濟橋頭日又西。隊隊隨潮遊畫舫，美人笑隔碧玻璃。

許準七首

許準 字次安，號萊庵，嘉慶戊午舉人，官豐縣教諭。

即目

新緑上庭柯，落花滿芳徑。向晚微雨過，歸鳥棲初定。纖月竹林間，流水淡相映。未暑寒已消，薄衫雅可稱。獨坐妙悟生，何處一聲磬。

陵陽東郭古柏禪院

蓉溪溪水曲抱城，河橋夭矯截溪橫。一刹横橋傍溪水，溪水潺湲枕上聲。窗前古柏森離立，青銅刻畫難爲名。山色西來九子落，蒼茫磊研當軒楹。霜皮承檐溜急雨，炎炎長夏秋欲生。老僧方瞳不揖客，時復爲我一送迎。雨前芽槍煮活火，帖妥安放當風鎗。我家龍眠富山水，主人自少無官情。偶然遲暮催獻策，殘書驢背入春明。長安米貴居不易，掉頭歸踐山水盟。興酣屢買過江櫂，湖堤十里沙雪晴。運幕放衙卒遊眺，琳瑯在壁光晶瑩。結習未忘聊復爾，轆轤搜索枯腸鳴。學取古柏□□□，棱棱千尺霜氣清。

登鎮海城樓

薄暮望依稀，秋光入座微。遠峰催月上，殘雨過江飛。樹密遮樵徑，烟輕覆釣磯。楚吴相壤接，風送一帆歸。

天台心如庵題壁

天台高踞九華端，絶頂摩崖此大觀。賴有雲烟扶我上，不知呼吸問天難。千峰白放三更曉，萬壑陰生六月寒。松下老僧能款客，黄精紫菊勸加餐。

山居雜興 十二首之一

水鏡窗中短榻懸，泉明門外柳如綿。呼童凈掃藏春塢，不數荒江種蛤田。

集聚星齋依蔣晴江韻 六首之一

竹林春暮緑陰濃，盎盎生機茁稚龍。好雨連霄雷拍格，一時穿破紫苔封。

贈張小巔　四首之一

招呼仙侶坐芳茵，少尉曾傳字子真。三萬六千今强半，且嘘甘露作慈春。

卷四十

葉文豹　胡　淳
蘇求莊　　同校

金文瑛一首

金文瑛　字曙方，雍正間邑諸生。

江上聞笛

秋水連天遠岸平，白蘋洲外暮烟青。梅花一曲關山月，莫向孤舟度此身。

金　楫一首

金　楫　字用舟，乾隆間諸生，早卒。

茉莉

千里花田種，隨船得得來。不因朝露放，偏爲晚妝開。香蕊添茶味，冰姿映酒桮。夜闌清不〔一〕寐，風起更徘徊。

校記：〔一〕『不』，龍眠風雅作『肯』。

金璞玉一首

金璞玉 字我良，號琢岑，國學生，有楚遊詩草。

湘陰王氏小江園集杜

可惜歡娛地，老夫今始知。應同王粲宅，似向習家池。水浸樓陰直，沙暄日色遲。看君有道氣，少小愛文辭。

金之玉三首

金之玉 字知瑶，號琢齋，嘉慶間諸生。

夜泛

夜静風聲歇，長江一葉舟。柁隨孤月轉，帆帶衆星流。漁火驚飛雁，波光漾宿鷗。晨鐘何處起？ 窅窅皖江頭。

遊西巖寺

古寺漢山裏，尋幽小步遲。到門新雨過，倚檻白雲隨。樹囀三春鳥，蓮開十丈池。禪堂争瀹茗，談笑暮鐘時。

晚過田家

兩三茅屋緑楊隈，何處清香薄暮來。最是田家風景好，小池一曲白蓮開。

金賡一首

金賡 字履常，號西園，嘉慶時諸生。

呈王小坡太守 四首之一

曾無負郭事深耕，母教相依荻畫成。幸到靈山親拜佛，許趨公府抵登瀛。春風膏雨生群物，曉日晴霞照滿城。願得絳帷參末座，譚經時復集諸生。

疏萬清一首

疏萬清 字波澄，號文山，雍、乾間諸生，有保和堂詩草。

元日憶章掄元

清風上接藐姑居，與世無親獨契余。攜酒每從三月後，論文嘗到五更初。梅花猶見心如鐵，白雪何曾韻滿驢。此日人間春又至，問誰竹外叩吾廬？

疏枝春三十三首

疏枝春　字玉照，號晴墅，乾隆間歲貢生，有晴墅詩鈔。汪廷珍序曰：『往予視皖學第，皖士詩爲二卷，而桐城幾居其半，蓋自有明以來，作者林立，辟弭相傳，風流未沬故也。玉照疏君爲余同年生鄂堂之兄，鄂堂故工爲詩，然與予蹤跡疏遠，且不久下世，未得共席語。茲余春闈所取士疏生筤，鄂堂猶子也，持其尊人玉照詩一卷，問序於予。予讀之，五言詩質慤淳厚，七言及今體詩逸情雲上，興寄無端，錘字鍊響，具有家法，洵乎桐城之多詩人也。玉照爲夢穀先生弟子，夢穀詩以淡雅爲宗，玉照之詩則倜儻俊拔，不名一體，是爲善學夢穀者。既卒業，遂書數語歸之。』

田舍 二首之一

萬物各有適，達人貴乘時。學稼苦不早，何乃恣春嬉。所愧白髮親，家無祿養兒。扶鋤聽擊壤，飯犢看耘耔。珠露上禾根，晶光明晨曦。茂止我舊畬，終善我新菑。時物欣順成，菽水承親慈。雞犬皆閒閒，妻孥時熙熙。三復華黍篇，悠哉終茅茨。

雜詩 四首之一

懷璧賈罪端，梯榮與禍攖。通人失所主，末路戕其生。貢身詎不惜，富貴使心盲。梁竇屈斑馬，因之喪厥貞。中郎莽大夫，坐污千載名。得禍良可畏，豈惟負生平？惡木不棲鳳，盜泉不濯纓。

舒曉山畫龍歌

誰人懸此雪色綃？太陰熏黑寒雲韜。炎曦六月忽晝晦，海水壁立清洮洮。宣和粉本近已失，舒君畫擅江左豪。衙衙裂紙勢千丈，蒼龍脱筆奔神皋。攫拏盤拏撥爾怒，鱗而乍作風蕭騷。電光破碎雷鼓駭，虎蛟水兕紛騰逃。全身不露運神勇，雹痕墨雨疑争嚻。我聞龍吸四海水，噴薄甘澍流春膏。攀髯附翼士所祝，一洗塵骨淩飛濤。即看妙畫發光怪，驪珠欲探神相遭。期君點睛破壁去，縱横萬里天門高。

齊雲巖送嚴少府歸桃源

癡雲隔斷天門道，塔影浮空松浩浩。我過石室訪招提，滿徑苔花僧不掃。寺丞舊有哦松人，三年作吏署下考。今朝口吟歸去來，正是江南秋氣老。半江黄葉霜飈飛，仰見孤篷出烟島。昔君美好常貧賤，索飯幾年憎邱嫂。蕭然自着犢鼻褌，當爐少婦劇懊惱。千里來看白嶽雲，射鴨堂空歸太早。賣漿屠狗了無分，移郡酒泉任傾倒。岐路常逢白眼人，鏡中幸惜朱顔好。家在桃源烟水村，春來處處生芳草。

聽方莘南歌詩

與君結髮爲弟兄，花時縱酒皖陽城。直下海門蹈寒霧，赤手倒縛蒼水精。君客羅陽傷遲暮，王孫誰識相如賦？緑波春水動相思，兩處茫茫望江樹。去住常懷旅夢中，賤子頻年哭路窮。攢眉無意棲蓮社，病肺多情寄爨桐。春初君過優曇院，寄我瑶華寫束絹。上言班史且傭書，下言陳平豈貧賤。我感此言愜素心，挂劍讀史東峰林。論交鮑叔能知我，愛客田文每贈金。贈金兩度託深諷，招君歸抱漢陰甕。瘦損閨人玉帶圍，魂牽遊子刀鐶夢。潁川老桂秋香飄，桂林公子題冰綃。朅來共載汪倫酒，過訪詩人丁卯橋。方君假館陳氏，時過許谷庵先生論詩。勝遊十日羅陽隰，卯橋同訂羅陽集。歸來擊鉢爲我歌，未終一曲青衫濕。娟娟涼月上西樓，蒼龍孤吟天地秋。江左才人惟汝少，詩名舊在東諸侯。噫吁男女聚散成今古，依人誰惜坐春廡？賣琴賣賦不言貧，身如落絮隨風雨。予亦聞歌淚滿巾，十載藏歌爲故人。客程幾許傷心事，那有知音感舊春？

秦淮旅邸胡坦齋邀分韻花下奉懷姚夢穀夫子

我家老屋如蜁蝸，春風好鳥鳴喈喈。主人戴笠蒔百卉，花棚委折防風霾。紛紅駭緑忽爛漫，品題當得同心偕。哦詩縱横動盈尺，間雜險韻恣俳諧。春光九十百回醉，曹騰笑比蘇晉齋。朅來長干少幽興，夢隔山椒與水涯。胡君楚楚金閨彦，招我看花渡秦淮。秦淮路入古花市，千枝萬本窮根荄。詩僧墨客一時集，勝遊底用招吴娃。青天送月入酒盞，金波倒飲亦復佳。太息大雅久不作，姚公振鐸懲淫哇。上追騷雅逮漢魏，如樹圭臬懸模楷。我學未就空沉湎，尋花到處拖芒鞋。山妻斗酒不療渴，徑須沽取拔金釵。先生憐才世無匹，抗言此子真吾儕。回首金陵昔問字，市門執卷依高槐。皖陽花月勝京口，三年舊雨嗟分乖。糟丘送老荷一鍤，青山是處骨可埋。所嗟師恩久未報，依人浪迹忘形骸。詩成風起花欲笑，寒星耿耿臨天街。

谷林寺訪釋浣埃不值兼懷憨上人

十年不赴慧山約，又趁斜陽上孤閣。仙人空説好樓居，萬里何天飛野鶴。枯藤倒挂百尺松，雲氣忽添三两峰。我欲乘風招慧遠，海天隱隱青芙蓉。

別華陽道人 吴雲

塔影摇空水，潮回岸欲崩。亂山梅渚寺，殘月海門燈。客思渾無賴，新詩得未曾。還將去來意，揮麈問高僧。

黄陂道中懷馬稷甫進士 宗璉

漭漭黄陂道，高秋萬木枯。江空人語静，燈暗客心孤。殘月白於水，星河澹欲無。少遊方遠客，曾否憶蒓鱸？

贈左便人明府

燕市悲歌後，臨邛卧病初。策干丞相少，春共冷官疏。芳草王孫賦，青山國士廬。索琴無恙在，未便早懸車。

過張瓶山夫子故居

樹老委蛇蜕，堂傾穴水禽。遭逢誰國士，此地感知音。慷慨步兵酒，悲涼中散琴。石庵題壁處，謂劉相國。悽絶故人心。

過孟連城山居 非襲

與子三年隔楚鄉，九秋風雨渡滄浪。花煩菊婢迎賓早，竹有孫枝如我長。繡佛清齋蘇處士，歲星游戲漢東方。可能問道參真諦，出岫雲歸路渺茫。

九華僧舍呈周紉齋先生

公昔導源星宿海，水經傳遍十三洲。挺之況復生嚴武，日者先能識馬周。萬里鵾鵬鶩厲翮，九華風雨獨登樓。年來行紀尤豪縱，嶺瘴蠻烟天地秋。

采石三元洞

我懷沅芷泛湘萍，來吊天邊舊酒星。山作螺旋生古黝，洞穿江底出深青。參辰入座朝元宰，風雨空壇走百靈。莫問前朝興廢事，已隨彌勒醉忘醒。

清溪別姚錫九喬齡許次庵準張持戴元禮諸友人

秋潮陡落斷岸深，秋風挾雨愁太陰。疏鐘夜火草庵渡，高江急峽蒼龍吟。二士遺蹤渺難問，故人各別誰知音。回船有酒不成醉，艣聲已過青楓林。

同左叔固張絅齋話舊

我懷太白望星精，與子同登古石城。名下士歸蕭茂挺，座中人是魯髯卿。於今吟社都塵蹟，究竟才華讓老成。回首廿年興廢事，夜闌秉燭似三生。

雜感 三首之一

幕府風高擁上游，當筵脱筆氣横秋。千軍草檄馳飛騎，五月披裘上酒樓。管樂自知非我輩，松喬何地許同儔。低鬟少女窺簾笑，曾見先生尚黑頭。

呈姚夢穀夫子 四首之一

憶訣劉公語泫然，海峰夫子。樅陽夜雨一燈前。即今江左無遺獻，須識吴興有大賢。耆舊風流歸馬帳，古文真學在龍眠。瓣香敬爲南豐設，夢坐春風已十年。

同馬魯陳宗璉姚根重持衡登孫楚樓

誰知梗斷蓬飄日，兄弟同登孫楚樓。貧子辭家無善狀，殘年行路畏逢秋。人如河朔風前會，舟似山陰雪後遊。乞取青蓮觴詠地，寶刀截水足銷愁。

九華道上贈張錫賡元宰

芙蓉九朵倚雲開，公子翩然襲錦來。跋浪鯨魚辭溟涬，行空天馬逐風雷。乘時莫負蒼生望，似爾真非百里才。見説治安三策重，梁園何事狎鄒枚。

落　花十首之二

竹刺松棚日護持，紛紛偏在最高枝。烟華福薄緣先盡，雨露恩深報已遲。不斷生香迷蝶夢，空餘臭味入蜂脾。漫言茵溷無心墜，猶抱丹心向盛時。

高閣簾垂客去遥，尋花多在可憐宵。空填舊院荒苔徑，愁過殘紅斷板橋。化作春泥霑燕壘，半成香霧葬寒潮。分明浩劫當前現，不用臨風舞翠翹。

高　巖

亂石如累棋，云是仙猿窟。尚有高士風，競呼不肯出。

擬　古　六首之一

舊竹編爲筏，新竹斷爲楫。濟川豈無功？可堪本根折。

樅陽渡

昨夜雨兼風，烟漲滿溪緑。人影忽過橋，僧寒擁蓑笠。

白雁

南來鄉思近如何？皓首江湖避網羅。昨夜數聲秋水外，蘆花無際月明多。

南唐宫詞　七首之二

曾聞昭惠譜新詞，猶勝霓裳按節時。並作曲中亡國讖，念家山後恨來遲。
彈指江南一夢過，重瞳多淚奈愁何。傷心一炬同蕭繹，建業文房禍較多。

宜城竹枝詞　十首之二

盛唐門前江水流，天半簾開水上樓。白塔紅船風柳外，舒州也復似揚州。
妾住前山郎後山，采茶生小二龍灣。後山夕照前山雨，雨過望郎郎不還。

同項望間許涵中由儀真抵白下　三首之一

紅橋楊柳緑絲柔，少日題詩水上樓。苦憶下簾鸚鵡喚，白頭重訪舊揚州。

別徐六階眉

君上公車我釣舟，車輪鴉軋槳夷猶。南湖半是相思樹，莫怨垂楊綰別愁。

題樗巖歸隱圖壽雲畦舅氏

江淮識得孝廉船，早結樗巖出世緣。三十六峰棲隱處，一峰相約住三年。

施霈霖一首

施霈霖　字宜持，諸生。

送人

記得江行路，當年共往還。買魚依小港，沽酒入通闤。烟鎖村村雨，雲飛面面山。只今余暫駐，有句共誰删？

遊白雲巖

日暖風和二月天，重尋石磴破苔錢。白雲映日開圖畫，青鳥迎風奏管絃。片片桃花迷洞口，涓涓流水出平川。從知此地非人境，欲結桑麻世外緣。

魏書一首

魏書 字載先，雍正間布衣，有卧雪樓詩草。

冬日過友人留飲

乘輿尋來古寺東，數聲雞犬出雲中。窗連近市人烟集，樹接遥天雁度空。一局殘棋敲雪冷，半甌茶坐夕陽紅。自從得飲清芬趣，滿目琉光映碧筒。

陸　芝二首

陸　芝　字玉章，號寄巖，雍正時諸生，有蘭儕小草。

同友人遊中方寺

共訪招提萬仞巔，瘦藤支柱出諸天。紅殷斷嶺新霜葉，日繞閒房古鼎烟。石上苔留趺坐蹟，門前樹證再生緣。到來夜夜多清夢，只在丹巖碧澗邊。

春日過望龍禪院懷同學諸子

緑除階下新芟草，紅滿窗前舊莳花。回首樓臺空日影，斷腸風雨各天涯。

談松筠三首

談松筠 字明會，號石峰，雍、乾間人。

湖上晚步

愛此湖光好，遊蹤去復留。緑楊春水渡，紅杏夕陽樓。落雁歸平渚，輕鷗戲淺流。數聲風外笛，隔浦有漁舟。

客中感懷

擊劍高歌意氣雄，他鄉懷抱幾人同？褌中蟣蝨容卿輩，馬上詩書笑乃公。花影入簾三徑月，竹枝拂檻半窗風。何當沽酒新豐市，放浪湖山作醉翁。

春暮

春色闌珊最惱公，懶將綺興託芳叢。垂楊旖旎陰方合，雛燕呢喃語未工。人去尚留愁與夢，花殘況復雨兼風。消除煩惱憑何事，只在楞嚴一卷中。

鍾鳴世三首

鍾鳴世 字鼎斯，號慕巢，乾隆初諸生，有竹香軒詩草。

雪後晚興

塘坳聚雪白皚皚，魚惱池冰凍未開。雙屐晚停梅樹下，短僮沽酒過溪來。

元旦日剩溪看梅

東磵西磵春茫茫，南枝北枝幽更香。對雪朝傾柏葉酒，臨風暮舉梅花觴。

雨中梅花

窗留小竇對花眠，花事闌珊又一年。不恨春風恨春雨，惹殘梅蕚淚潸然。

按：先生有剩溪雜詠百首，與張公篠亭唱和之作，皆詠梅也。兹録其三首。

顧　恂五首

顧　恂　字引占，乾隆間諸生，有栗園詩鈔。吴畫溪集顧引占行略：『引占之先浙人也，其曾祖諱祖榮，康熙癸丑進士，官内閣學士；祖諱世繩，浙江舉人，官内閣中書；父諱麒，爲張少司空思齋公之婿，因遷桐家焉。引占家貧，爲人外和而内剛，通五經，精熟文選，十試於鄉，皆薦而不售，竟客死於江西。』

寫　懷

道人甘淡素，夙願期無違。朝尋五芝去，夕望寒松歸。玄酒有深味，所嗟知者稀。

送胡澹泉之梁溪

八月九月蘆花白，秋風蕩舟載行客。錫山東望惠山西，泠泠清泉漸漸石。龍眠居士胡澹泉，汲清飲冷山之巔。客思悠悠毘陵久，長鋏歸來皖水邊。歸來入門見妻子，蕭然四壁寒如此。繩牀兀坐不知貧，點筆微吟日數紙。梁溪使者復來迎，淒淒風雨送君行。丹楓葉落離亭晚，回首南天白雁鳴。

秋夜五畝園小集聽張野人醉歌

坎坎城頭鼓，離離井畔桐。棲烏驚月出，青露滿林中。丹竈殊難染，金門未許同。酒闌歌欲罷，餘響入絲桐。

白銅鞮

驄馬錦障泥，春風桃李蹊。襄陽小兒女，齊唱白銅鞮。

訪義之上人不遇

碧澗深深石徑斜，江樓寂寂梵王家。東風先我來禪室，一樹春開木筆花。

鄒世諭五首

鄒世諭　字饒九，乾隆間諸生。

出門

出門騎馬去，老親目送之。目送至無睹，遥憶過山陂。掩淚歧路旁，便爾數歸期。回頭幾顧望，甯待倚閭時。

與東野遊子吟同其沉摯。望雲者讀之，那能不爲淚下！

萍蹤

萍蹤久漂泊，到門犬吠主。狺狺欲牽裾，叱之發狂怒。庭花開已落，屋漏墜塵土。老親髮逾白，妻寒衣再補。弱女不識爺，偷覰淚如雨。

晨起

晨起刈園藿，淡煮充枯腸。老人一試箸，不言神自愴。嗷嗷孺子泣，勝味羨糟糠。平生學斷虀，對此殊徬徨。

野梅

世外孤根物外姿，淡烟明月冷相隨。笛吹牧豎聲三折，春拆樵夫手一枝。曲徑幽棲甘隱約，冰心寒骨自撑持。空山亦有人如玉，不獨卿卿嘆野遺。

問牡丹

桃花開盡李花殘，留住春風護牡丹。何事芳心不傾吐，對人猶自怯春寒。

梁　芬四首

梁　芬　字顥伯，號伴梅，乾隆时布衣，有僅可書屋詩鈔。璈按：伴梅隱處鄉墅，不爲世所知。其詩鈔全卷亦未獲睹。兹許生誕初攜其詠史雜詩百餘首閲之。爰自遷、固以及偏稗，上下縱横，鈎稽貫串，其枕藉於乙部者深矣。僅録四首，以誌傾賞。又按：詩句『由來楚有材』，又云『吾楚黄陂人』，豈梁之先固自湖北來耶？

讀史雜詩

古人貴知今，積今乃成古。盲左紀戰争，當時朝報語。古詩三百篇，成周一歌譜。族姓班位知，已埒名卿數。登壇並隆中，形勢如目睹。蘇讀萬卷書，終以律爲主。雖有激而談，通方儒不腐。博物志隱怪，身世何所補？説禮與敦詩，却縠擅文武。經義治事分，千載師儒祖。

讀書不讀律，致君堯舜終無術，固非激論。從古無不曉事之聖賢，此言可互證也。

守節代有終，失節安所底？茫茫世宙間，税駕何處是？衆人報衆人，國士報國士。賢如畢陽孫，新故分彼此。西蜀三十年，降表書二紙。九姓十一君，癡頑有老子。最後封瀛王，不王終不止。江河日下流，慎終貴如始。

一節失，則節節失，如破竹然。貴謹其始，膏肓藥石也。

古有發祥人，厚福誰能比？昆弟子孫賢，獨冠一代史。祥覽以孝聞，一門曳青紫。特傳十有三，名德軼謝氏。汾陽起華州，宅半親仁里。弟炘亦王封，憲后册寶璽。唐亡郭未亡，崇韜族別子。武肅開吴越，倧俶傳兄弟。昱生百斯男，一術妙醫理。石鏡武弁興，制誥科第起。信鄧四國封，中令歷四紀。遺澤古所難，君子五世止。微賤肇洪基，奕葉歷膴仕。芳名已堪珍，竹帛豈不偉？雖云莫之爲，詎不關積累。益善云多多，他人能餘幾？曠觀一世間，豈無因致此？

按：舊唐書：子儀弟幼明官大卿監，贈太子太傅。幼明子昕安西都護四鎮節度使。『弟炘封王』句似誤。

中郎以孝聞，具見蔚宗紀。周歷臺諫時，知遇誠特至。當其應徵日，父母先即世。服官幾何年，豈有違親事？情與温裾殊，俳優何以刺。齊諧本無憑，是非誠倒置。大孝首尊親，不辱尤其次。焚香告金蘭，此心期無愧。卓也何如人，甯甘旅進退。恩深命轉輕，尚遑恤國事？瓶罄解民羞，比匪高堂戾。持此責中郎，其將何辭對？

自琵琶隱寓王四，而以責菜傭寓之。中郎厭見習聞，雖士大夫有不知中郎之子所生，孝養廬墓，尚有范書及章懷註記載之，明徵矣。不得已以附卓府獄中郎，亦責備賢者之意耳。

史　培五首

史　培　字蘭生，號南坡，乾隆間國子監生，官蘭谿縣丞，有南坡詩草。史奕昂序曰：『南坡祖陶亭舉宏博，未試，著有十則堂、天然樓二集。南坡能詩所自來也。南坡少孤，落拓江湖。其意氣豪邁，才思過人，當代名公卿每刮目待之。』

寄懷雪庵上人

不晤遠公久，臨風繫我思。梅花香裏夢，白雪淡中詩。客久安爲福，僧閒老更宜。庭前雙檜古，春發幾新枝。

歷下聽雨園次友人韻

亞字闌干曲徑幽，水邊矮屋小如舟。窗開圖畫湖三面，橋鎖山城月一樓。仿佛烟迷彭蠡晚，依微風送洞庭秋。芰荷香泛葡萄醆，賴有新知共唱酬。

旅店即事

主僕情親興未疏，零沽莫漫自提壺。殘爐火近杯猶冷，野店人多客更孤。遠岸草螢穿水過，欹灘晚渡隔山呼。河干月照清如許，閒看平沙夜宿凫。

大明湖泛舟

數聲欸乃破烟汀，輕泊湖心搠水亭。黄葉依稀殘照外，隔城山劃一痕青。

黔省姜廉訪署宴集賞荷次洪學使韻　四首之一

畫舫聲傳一曲高，采蓮歌唱小紅桃。輕橈似掉西湖水，不染淤泥緑半篙。

史春江三首

史春江　字半舫，嘉慶間監生，有柳橋集。錢白渠曰：『半舫具俊逸之才，裕淹貫之學，又夙承庭饜飫於斯者有年，雖方駕古人未知何如，若與時雋聯鑣並轡，亦足自成一隊，横掃千人。』

舟　行

扁舟容與掠魚門，泛泛中流斜日暄。两岸緑楊沽酒店，一溪紅樹賣花村。鷺飛漸下烟無影，潮退多時石有痕。今夕未知何處泊，江空明月沁詩魂。

春　遊

春風淡蕩子規啼，楊柳牆頭挂酒旗。十里漸窮芳草路，騎驢更遇板橋西。

遊白雲巖

不知人世有寒暄，棋滿楸枰酒滿樽。青鳥依依長送客，小橋流水出山村。

任又班二首

任又班　字□□。

廣　州

晨朝客館起徘徊，日射高城雉堞開。騎馬獨尋楊僕戍，看花更上越王臺。虹霓彩徹天光迴，島嶼青浮海色來。莫嘆飄零荒徼遠，須知此地近蓬萊。以樓船將軍與老夫臣佗偶對，三、四使事不出西漢。

夜泊

夾岸陰巖暗薜蘿，鷓鴣拍拍拂船過。殷勤喚客且須住，十八灘前風浪多。

崔岩十二首

崔岩 字篠室，號勿庵，乾隆間國子監生，有牛鐸、長長二集。王和羹跋詩集曰：『先生襟懷灑落，性趣超群，胸内漫無機械，案頭但有詩書。厭紅塵之齷齪，掩耳惡聽人言；愛白雲之悠悠，著眼那知客在。』方植之曰：『先生住南山，高懷邁俗，雖古貌古性情，然接人純是和氣。平生好吟詩，不事摹擬而時出新意，反得爲詩之本。惜乎未脱淺俚字句，然異乎無所欲語，而强作贋襲者矣。』

杜門

晨起喜無事，愛此窗日光。貧病何以療，六經真奇方。把卷就窗下，榮辱頓相忘。外物皆浮雲，至道彌堅剛。摩挲對老眼，眵眩已非常。孜孜反爲樂，人皆笑我狂。猶嫌目力短，不繼晷影長。

過龍門洞

秦山何嵯峨，秦路何偃蹇。曾聞蜀道難，未若此地險。兩山如壁立，飛泉自回轉。天恐絶人行，别開路一線。古木蔽天日，浮雲生覿面。哀猿斷續聞，猛虎遠近見。瀑聲響若雷，冷氣侵如箭。一步一心驚，胡爲来此縣？九死一生處，奔馳何所羨！

酷熱

大造爲紅爐，燄燄陶諸物。試看百穀實，皆從熱中結。可憐門外田，鄰翁耕不輟。田水如沸湯，午日如火烈。對此簞中飯，粒粒出心血。安居而飽食，胡復怨炎熱！

訪唯徹上人不值

孤僧何處去？竹裏閉禪扉。一犬迎人吠，殘花滿地飛。青苔蒙怪石，碧樹冷斜暉。問佛佛無語，鶯啼送客歸。

除夕

歲序已云暮，勞勞何所爲？經營終夜酒，商榷一年詩。且自從吾好，由人笑我癡。梅花知久待，昨已報新枝。

由六安至霍山道中

策蹇窮叢嶺，崎嶇道路賒。雲过峰出没，泉漱石喧譁。峭壁横抽笋，懸崖仰看花。歌聲聞四野，處處采新茶。

遊浮山　四首之一

絶嶂臨巔險，深廊入徑微。重巖雲作幔，怪石蘚爲衣。有地誠皆幻，無峰不欲飛。霜楓烘四野，葉葉挽斜暉。

悲　秋

霜冷秋山净，天寒曉日陰。疏籬僵粉蝶，寒水立幽禽。野渡人蹤少，空林寺影深。望隨天不盡，何處寄愁心？

桐柏縣

驅馬臨桐柏，山清水更清。浮雲連樹杪，斜日落濤聲。淺渡舟横卧，垂崖樹倒生。淮源憑古井，造化理難明。

謁太昊陵

下馬拂征衣，來瞻太昊祠。雲封合抱樹，苔蝕歷朝碑。道啟先天業，文開後聖師。壇前羅供物，猶有漢唐彝。

南陽懷古

走馬岡前落日昏，山川如故事難論。牛耕戚里王侯冢，草没雲臺将相村。短笛風翻吟古戍，斷碑苔積卧荒垣。閒愁盡付蒼山外，秋向茅廬奠一樽。

春日

曳杖尋春步履遲，山前凝立又多時。海棠貪睡風摇醒，楊柳含顰鳥罵癡。觸景那能杯在手，對花無奈鬢成絲。韶華與我能多少，忽爾高歌忽自悲。

喬夢梅四首

喬夢梅 字匡鼎，號香圃，乾、嘉間人，早卒。

春日過吴芥庵山莊不遇

我來君未歸，春光誰與賞。高吟田間詩，遠慰空谷想。庭草入簾青，石泉隔籬響。坐待忘年儔，清風共蕭爽。

春閨

陌頭楊柳緑，含愁倚繡幃。春來惟夢好，夜夜遠人歸。

齋頭古松

古幹参天護竹扉，幾番燃夜照書幃。劇憐卿是陵雲種，身化龍鱗不見飛。

寄懷方長孺 二首之一

深憐雨霽擁晴嵐，好友相將到嶺南。記得燈前閒對語，碧紗窗外月初三。

雷澤一首

雷澤 字錦生，號曉窗，嘉慶間處士，有曉窗存稿。

望嶧山和屠瀛山韻

嶧陽東望青雲渺，亢父西臨碧水漫。未遂躋攀峰頂立，且欣蒼翠眼中看。清才跳脱玲瓏石，旅思留連去住鞍。計值歸期經勝地，藤鞋應共陟層巒。

儲世鳳二首

儲世鳳 字德輝，號桐坡，嘉慶間諸生，有桐坡詩草。

喜菊人過訪

積雪與寒雲，蒼茫路不分。黄昏門正閉，策蹇忽來君。窗外梅初吐，燈前酒漸醺。好將别來事，縷述故人聞。

月夜聞鐘

我攜一輪月，西上翠微峰。高挂疏林杪，來聽清夜鐘。此心如白水，逸響入深松。不覺宵光冷，衣邊霜露濃。

龍海門五首

龍海門 字□□，號浙濤，嘉慶間諸生。

瀟湘妃子葬花圖

東風吹恨瀟湘館，滿地殘紅人不管。美人如花命是花，不見飄零已腸斷。花落名姝可奈何，淚落争如花落多。紮將翠鳳毛翎箒，苔脚牆陰細掃過。落花掃起誰供養？交與青山許埋葬。儘教净土戀芳魂，曉風殘月添惆悵。一段香埋一段幽，名園花冢播千秋。絶勝明妃淪絶塞，擅鄉青冢留遐陬。錦幡繡幔勤遮起，護到殘时心未已。惜花惜命自纏綿，文人葬筆曾如此。我亦看花愛復憐，未堪花落自年年。連箋待語氤氳使，花要常開月要圓。此願從來酬未得，嫱施老去無顔色。輸與卿卿解斡旋，零脂斷粉留消息。癡絶情懷解不開，葬儂吟到益堪哀。可知春去悲何限，難向天涯遍掃來。

情詞悽麗，自是温飛卿西洲銀塘曲之遺。

翠微亭至隨園

紅日破山寂，層陰砌古苔。不知黄葉路，時有白雲來。荒隴忘城市，名園別上台。可知文士樂，丘壑得天開。

彨甫招飲

離騷澆酒熱腸回，相士平原座客推。密雪催軍淮右駐，看潮袖海浙東來。彨甫自浙來汝南。文章幾輩摩高壘，風雨千秋感客懷。我豈公榮真不飲，有時搔首且停杯。

贈方曉芸 四首之一

地過南粵接鴻蒙，親歷蠻烟瘴海風。道是長鯨曾跋浪，自來天馬本行空。十年未試排雲手，百里猶勤負米躬。羨向萱堂時問字，春暉寸草祝融融。

沈五樓仙源問渡圖 六首之一

短橋行過柳痕疏，四面山光水一渠。隔水似聞環珮響，小桃花外有人居。

龍汝言二十首

龍汝言 字子嘉，號濟堂，嘉慶甲戌賜進士第一名，官翰林院修撰、兵部員外郎。有賜硯堂集。朱琦序集曰：『子嘉性穎敏，尤篤志向學，綜覽經史，由寄籍兩應時巡，召試皆裒然列首選。凡奏御諸篇，仰蒙睿賞，一朝而聲震京師，遂由中書擢大魁，駕使車，遇合之驟，罕與倫比。桐邑名材高位，夙著皖江，惟狀頭實自君始。亡何緣校書偶誤，遂致鐫秩。既乃還藥省，值樞垣，駸駸將柄用，倏焉而玉樓赴徵矣。昔漢帝讀相如賦而加褒寵，唐宗讀韓翃詩而特授官，迄今傳爲美談，方之於君，夫豈有異！獨惜摧折太早，未究竟其用，此則若有以限之而無能强致者也。」

山　中

山中春欲暮，伯勞東西飛。野卉紛掩苒〔一〕，榛莽香馡馡。含桃墜枝〔二〕落，新笋出沙肥。斑斑雉雛小，纍纍麥花稀。仰首望空際，雲樹翳清暉。微雨灑林皋，東風吹我衣。覽彼衆物趣，從時念莫違。

校記：〔一〕「苒」，賜硯齋集作「冉」。〔二〕「墜枝」，賜硯齋集作「隨意」。

雜　詩

昨從山中來，山泉清可鏡。人行厓上蹊〔一〕，影向〔二〕潭中映。泠泠聲方〔三〕幽，混混勢〔四〕忽競。自作江湖波，豈復涓涓境〔五〕。匪云會川小，何〔六〕如在山净。合流既有污，取多亦足病。淆之此爲端，穢濁豈本性？

所謂士修之於家，而壞之於廷也。出處之間，可爲重慨。

校記：〔一〕「行」，賜硯齋集作「在」；「蹊」作「行」。〔二〕「影向」，賜硯齋集作「倒影」。〔三〕「方」，賜硯齋集作「静」。〔四〕「忽」，賜硯齋集作「奔」。〔五〕「豈復」句，賜硯齋集作「濯足載歌詠」。〔六〕「何」，賜硯齋集作「不」。

冉冉孤生竹

猗猗園中竹，蒼蒼陵上松。女蘿施其上，阿那從長風。結婚千里外，形隔志已通。思君不得見，一日如三冬。終〔一〕爲忘久要，不復全始終。譬彼芙蓉花，灼灼秋水中。方舟不速濟，摇落繁華空。愛憎君自任，使妾難爲容。

校記：〔一〕「終」，賜硯齋集作「胡」。

明月何皎皎

明〔一〕月照閑房，清暉開素襟。三五遥相望，團圞故至今。今日遠人歸〔二〕，昨日隔音塵〔三〕。殷勤調絲桐，並坐張鳴琴。君能燭萬里，豈不知妾心？

校記：〔一〕「明」，賜硯齋集作「朗」。〔二〕「人歸」，賜硯齋集作「歸人」。〔三〕「音塵」，賜硯齋集作「塵音」。

晉白紵舞歌

廣庭雜還〔一〕開瓊筵，清歌緩節聲纏綿。長袖徐起飛便娟，翻若鸞鶴何翩翩。矯如鴻鵠摩蒼天，既墜復抗回且旋。繁星摇摇顫〔二〕珠鈿，東風楊柳吹曉烟。寒葩向日生春妍，流眄善睞光涓涓。含情却立未肯前，從容爲君張鳴絃。

校記：〔一〕「還」，賜硯齋集作「遝」。〔二〕「摇顫」二字底本缺，據賜硯齋集補。

章臺曲

章臺楊柳生春烟，從風嬝娜青樓前。一日一見春更好，一日不見春可憐。美人家住章臺側，傾國傾城難再得。蛾眉掃緑柔條長，秦姬趙女無顔色。憶昔美人家，投我以木瓜。美人與我别，青春天一涯。天涯顔色及〔一〕時好，昨日離别今日老。巫山愁隔湘水深，東風吹落楊花早。楊花撲面春風香，美人不見空斷腸。

校記：〔一〕「及」，賜硯齋集作「幾」。

時巡淀津恭集味餘書室詩句進呈　疊上下平韻　六十首之二

天祖垂庥佑，乙卯。惟皇建極中。癸卯。聖恩承昊澤，丁巳。奕華〔一〕播仁風。戊午。萬宇韶和滿，庚子。千春惠化通。丙申。時巡循舊志，聲教訖西東。戊申。

右一東。

省歲寬清問，戊戌。皇仁溢域中。丙申。揚鑾撰吉日，癸丑。福地轉光風。丙午。晅潤時咸若，丁巳。春陽候已通。乙巳。翠華遊豫處，癸卯。烟暖畫橋東。戊戌。

右疊一東。

朱蘭坡曰：「剞緝奎藻如無縫天衣，濟堂以此受知仁廟，宜哉。」

校記：〔一〕「華」，賜硯齋集作「葉」。

訪童秋華

放艇信微風，蓮花面面紅。入溪雙槳歇，覔路一橋通。不速到門客，來尋種菜〔二〕翁。瓦爐添細火，瀹茗緑陰中。

校記：〔一〕『菜』，賜硯齋集作『樹』。

斜陽

斜陽在西崦，村舍暮烟深。野鶩落孤影，秋山添夕陰。茶收松子煮，酒傍菊花斟。獨坐蕭齋晚，據牀横鳴〔一〕琴。

校記：〔一〕『鳴』，賜硯齋集作『素』。

曉出皖城

晨興理歸策，出郭曙光分。魚米喧朝市，丘山散古墳。荒雞聲角角，野草露沄沄〔一〕。漸覺多春意，鶯花爽見聞。

校記：〔一〕『沄沄』，賜硯齋集作『紜紜』。

北峽關

初雪霽龍眠，山深驛戍連。關門鎖桐皖，客路指齊燕。雁影寒雲外，風聲古木邊。遥知帝城裏，物色换新年。

送李蘭卿出守思恩

文章綺歲名，政事早蜚聲。别我一麾去，看君萬里情。磨厓刻詩句，撤幕坐書生。請酌靈犀水，真源到底清。

蘭卿年十四領鄉薦，十八成進士，故首句云然。

晚　眺〔一〕

白雲飛盡碧天空，暮色蒼蒼入望同。極浦微茫秋水外，亂山高下夕陽中。烟横樵徑迷荒墅，席挂漁舟趁晚風。月影隨人下林麓，一聲清磬落溪東。

校記：〔一〕賜硯齋集詩題作龍王廟後山晚眺。

買花圖〔一〕

脱儂臂上釧，貿嫗肩上春。黄金豈不貴？聊以娱芳辰。

校記：〔一〕賜硯齋集詩題作效六朝小詩八首爲劉順伯題雙姝買花圖。

即目

疏林弄斜照，槭槭風葉響。泉罄有人居，遥見孤烟上。

春詞 八首之一

柳梢雲歛挂冰輪，小揭蝦鬚漏點頻〔一〕。倚遍闌干十二曲，海棠庭院寂無人。

校記：〔一〕『小』，賜硯齋集作『細』；『點』作『已』。

春日雜詠 十四首之三

亂蛙聒聒野田荒，茅屋人家燕子忙。流水小橋沽酒店，春泥細草落花香。雨後。

數畝沙田水一灣，何年茅屋結深山。梨花落盡無人到，清晝門關〔一〕犬亦閒。山家。

滿〔二〕架薔薇露氣清，春眠曉起不勝情。花前小立思殘夢，聽得黄鸝第一聲。曉起。

校記：〔一〕『門關』，賜硯齋集作『柴門』。〔二〕『滿』，賜硯齋集作『一』。

文光榮二首

文光榮 字益謙，號斗墟，嘉慶間郡學生。張晉卿曰：『斗墟與予同歲入庠，爲人木訥，偶爲予書其近詩於箋，清新閒適，意境超然。』

雨 後

雲脚挂殘雨，樹頭鳴早蟬。新流清滿澗，嘉樾緑盈田。爽氣消三伏，薰風潤五絃。心閒無俗事，茶竈煮山泉。

湖堤即事

百頃春湖好，三間夏屋清。緑雲窗外暗，紅雨澗邊明。閒眺攜朋好，聯吟見性情。前村深樹裹，忽轉數聲鶯。

卷四十一

方聞 蘇惇元
吴元甲 馬起益 同校

列女

吴氏令則二首

吴氏令則 宫諭應賓女，諸生何應璦室，有環珠室集。

春日病起

閒門春色曉悠悠，緑柳紅梅不解愁。何事離人經眼去，一回攀折便成秋。

憶玉之　明詩綜選　御選明詩録

春來草色想河關，遠道緜緜不可攀。翻恨白雲飛去疾，夕陽千里露桐山。

吴氏坤元三首

吴氏坤元　字璞玉，吴道謙女，潘金芝室，有松聲閣集。張文端集潘蜀藻詩序：『蜀藻母夫人，予姑之子也。高識博學，守節旌表，卒年八十。』錢田間集松聲閣詩集序：『夫人潘子江之母，孀居一閣二十餘年。纂紉之暇，不廢吟詠。於是以「松聲」名其閣。松之爲木，歲寒不凋，而四時有常聲。吾邑閨媛之比節於松者，則紉蘭、清芬、澄心，並松聲而四之。』

戊子仲春夏氏婦三十初度詩以示之

憶爾于歸時，即能明大義。至性與人殊，婦道差不愧。所貴儉與勤，針黹猶其次。痛哉壬午春，吾兒忽見棄。永日獨悲號，長夜亦不寐。伉儷甫七霜，弱女猶嬌稚。寶鏡厭清輝，妝臺冷珠翠。厥志矢靡他，從一四已〔一〕備。亂離仍相依，憔悴弗敢墜。回思乙酉秋，蹌踉〔二〕歸不易。予病在膏肓，湯藥必親試。芳年曾幾何？倏忽三旬至。淒淒秋復春，教女能識字。因汝念吾兒，傷心生死淚。勉笑爲爾歡，不忍强爾醉。老病無所貽，嘉言永爲記。

校記：〔一〕「四已」，龍眠風雅作「已四」。〔二〕「蹌踉」，龍眠風雅作「踉蹌」。

贈居巢張夫人

扶風門下盡康成，絳帳淵源舊有名。不是皋比臨下〔一〕邑，何由鸞珮慰平生？風牽葛藟依喬〔二〕木，日映藍田出紫瓊。翟茀香駢〔三〕知不遠，春明驛路馬蹄輕。

校記：〔一〕「臨下」，龍眠風雅作「來敝」。〔二〕「依喬」，龍眠風雅作「歸樛」。〔三〕「駢」，龍眠風雅作「車」。

寄敦復張夫人

五雲深處來芳訊，貽我名香翡翠枝。可記好風清晝永，小樓同看和梅詩？

吴氏令儀四首

吴氏令儀 字棣倩，宫諭應賓女，楚撫方孔炤室。

寄潛夫夫子時謁選主爵

君去覓封侯，金閨第一流。文成知虎豹，價重騁〔一〕驊騮。詩思春歸錦，鄉心月在樓。素琴隨綵鷁，忘却搗衣秋。

校記：〔一〕「騁」，龍眠風雅作「得」。

遣　懷 御選明詩録

幾樹孤村外，空船倚暮雲。風來衰草色，日去蕩〔一〕潮紋。群雁江邊語，淒猿雨後聞。無端鈎月小，人影各單分。

校記：〔一〕「去蕩」，龍眠風雅作「蕩去」。

江上久泊

三暮三朝下峽愁，解維還繫楚江頭。鄉關有路應須到，只恐明年又遠遊。

夜 明詩綜選 御選明詩録

新月不來燈自照，江天獨步夜頻驚。長年自是無歸思，未必風波不可行。

吴氏二首

吴氏 號棲梧閣主人，年二十五而寡，性高潔，好讀歷代史，老而彌篤。

詠史 別裁集選

六貴同朝激虎彪，横江勒馬下秦〔一〕州。銀鎗酒市春雙靨，玉屧蓮臺月半鈎。趙鬼西京諳漢賦，阿兄東閣壓通流〔二〕。誰知講武旄頭入，芳樂笳聲碧麝秋。

沈云：『蕭衍謂張宏榮曰：「六貴同朝，亂將作矣。」東昏嬖倖之徒，有趙鬼者能讀西京賦，曰：「柏梁既災，建章是營。」乃大起芳樂等苑。梅蟲兒，齊主呼爲阿兄。』

同泰一人歸佛地，壽陽千騎渡江波。盟成自取金甌缺，蔬絶空陳雞子多。五月誰勤君父難，七官先反弟兄戈。江淮廢後襄陽促，秋草臺城牧〔三〕槖駝。

沈云：『臨賀王政德，引侯景以千兵渡江。「金甌無缺」，武帝語。景圍臺城，茹蔬皆絶，邵陵王綸上雞子百枚。太清三年五月，武帝殂，武陵王自稱帝，曰：「七官文士，豈能匡濟湘東？」王行七，故云。』女子詩能組織史事，殊爲難得，因於詩觀中録之。

校記：〔一〕『秦』，桐山名媛詩鈔作『西』。〔二〕『流』，桐山名媛詩鈔作『侯』。〔三〕『牧』，桐山名媛詩鈔作『放』。

吴中芸三首

吴中芸　中蘭妹，齊梅生室，有挹香閣詩草。

哭子

哭汝腸欲斷，望汝眼已穿。汝死百八日，明月四回圓。死者則已矣，相見復何年？傷心萬古淚，流不到黃泉。

又

墓草青青柳絮飛，夢中見子尚依依。不知夢去還來否？猶自山頭望汝歸。

新柳 四首之一

江村應妒草青青，嫩葉如眉玉露凝。流水斷橋知有夢，曉風殘月客初醒。

吴孟嘉五首

吴孟嘉 字維則，吴詒申〔一〕女，方鳳朝室，早卒，有秋山樓詩稿。

校記：〔一〕『吴詒申』三字底本缺，據桐山名媛詩鈔補。

詠　懷

木蘭昔從軍，慷慨黄河濱。秋風日暮起，白馬渡河津。功名立千載，可以圖麒麟。誰謂深閨中，乃無英雄人？

四　皓

千古商山老，長吟采紫芝。鬚眉俱已皓，名姓亦何奇。偶爲留侯出，閒扶太子危。避秦兼避漢，心事赤松知。

孟城坳　和右丞輞川詩二十首之二

我家孟城口，秋蟬咽烟柳。何必悲古人，山川此長有。

辛夷塢

徘徊辛夷塢，幽林發香萼。愛此春山空，鳥啼花亦落。

寒　食

寒食東風燕子斜，萋萋芳草接天涯。微〔一〕風細雨離亭路，送盡行人是落花。

校記：〔一〕『微』，桐山名媛詩鈔作『斜』。

吴娍娟一首

吴娍娟　巨瑄女。

秋日寄家大人

樓頭含淚送行舟，一别俄驚两度秋。千里離懷憑去雁，隨風飛過古揚州。

吴娍娟一首

吴娍娟　巨瑄女。

春日即事

花間小閣两三間，最好韶光不上關。隔院〔一〕蕙風香冉冉，半窗松影月〔二〕珊珊。龍涎細爇珠簾静，雁足頻調寶瑟閒。池水又添波一尺，還分鴨緑寫春山。

校記：〔一〕『院』，桐山名媛詩鈔作『岸』。〔二〕『影月』，桐山名媛詩鈔作『月影』。

姚氏鳳儀五首

姚氏鳳儀 職方主事孫棐女，諸生方于宣室，有蕙紉閣集。

初月

新月如弓曲，含輝渾著霜。微微臨小檻，宛宛過前廊。桂魄摇初影，銀河漾淡光。移時雖漸落〔一〕，流照亦何長。

校記：〔一〕『落』字底本缺，據龍眠風雅補。

春日寄懷仲兄集侯

惜别窮冬杪，春來猶各天。白雲千里隔，緑字數行傳。剩水浮鸂鶒，空林響杜鵑。登樓徒悵望，引睇白門船。

九日憶夫子

舊〔一〕年令節君同去，今日登臨我斷腸。野色宜人添悵望，秋山如畫總淒涼。征鴻塞外全無信，叢菊籬邊初有香。和淚題詩君不見，千峰忽忽又斜陽。

校記：〔一〕『舊』，龍眠風雅作『去』。

春日遣懷

空階小樹漸垂陰，旭日初融嵐氣侵。半捲珠簾人寂寂，斜薰寶篆晝沉沉。三眠楊柳舒新翠，百囀黄鸝〔一〕報好音。春到更添愁與病，憑欄不覺淚盈襟。

校記：〔一〕『黄鸝』，龍眠風雅作『流鶯』。

夫子初度哭之

颯颯西風起暮烟，空嗟薄命問〔一〕蒼天。當年此日君招客，今夕招君何處邊〔二〕？

校記：〔一〕「問」，龍眠風雅作「怨」。〔二〕「何處邊」，龍眠風雅作「影不旋」。

姚氏鳳翽三首

姚氏鳳翽　字季羽，孫棐女，州同知方雲旅室，有梧閣賡噫集。

七夕

去歲茲辰兩地思，又看牛女賦〔一〕佳期。算來天上多歡會，翻是人間好別離。何處金樽花下酒，誰家玉笛月中吹？閒觀女伴陳瓜果，針線慵拈乞巧絲。

校記：〔一〕「賦」，龍眠風雅作「赴」。

題　扇

寫就齊紈思更悠，欲憑鴻羽寄江州。離人不及丹青筆，烏是雙棲花並頭。

蟂磯吊孫夫人

謾誇英武勝鬚眉，吴蜀兵戈有是非。拚得蟂江身一死，可知失計在東歸？

孫夫人，蜀志無傳，其孫權進妹於先主，及先主崩後，孫權遣迎吴夫人與後主東下，趙雲奪後主回蜀，錯見於后妃傳、趙雲傳並吴志。蟂磯之沉不見於陳志。

姚氏宛四首

姚氏宛　字修碧，尚寶丞孫棨女，廕生贈左都御史張茂稷室，早卒，有緘秋閣詩稿。

初春

妝成離曉鏡，簾幙日遲遲。書帙成堆處，茶鐺自煮時。雲穿當户影，風弄萬年〔一〕枝。幾曲闌干徑，春寒不可支。

校記：〔一〕『萬年』，龍眠風雅作『隔墻』。

病中呈子藝〔一〕

强下匡牀曳布裙，頽然一拜道殷勤。餘〔二〕生未必能偕老，有子須知不負君。好樹著花花著雨，韶光如夢夢如雲。哀鳴欲學辭巢鳥〔三〕，先自悲涼不忍聞。

校記：〔一〕『子藝』，桐山名媛詩鈔作『夫子』。〔二〕『餘』，桐山名媛詩鈔作『今』。〔三〕『鳥』，桐山名媛詩鈔作『燕』。

悼小鬟 集唐句

零落殘魂倍黯然，不知何處是西天？紅顏未老恩先斷，繡被焚香獨自眠。

洞房簾幙至今垂，春到人間總未知。誰道五絲能續命？留君不住益淒其。

姚氏六首

姚氏 尚書文然女，廩生馬方思室，有凝暉齋集。江南通志：『有玉臺新詠一卷、閨鑑三卷。』韓菼序曰：『馬君伯逢仲昭母節孝姚孺人，吾師端恪公長女，學行俱高，有名媛之則。江公早卒，誓絶粒，衆責以撫孤，乃縞衣蔬食，督課二子，能文章，聲譽藉甚。孺人夙工吟詠，具有風格。生平仁厚，好施予，自奉儉約，治産有法度，具見於陸舟日記，而經史、傳記、詩文，旁及九章算法、六壬數術，亦間見云。』

兹園

小築何嫌近市闤，園林引興共躋攀。卷簾樓閣千家雨，照席烟嵐四面山。花徑風來香冉冉，柳塘水漫碧潺潺。低徊常抱思親恨，華表何時花鶴還？

植松

有弟黄山來，盆松遠相貽。留待歲寒時，茅齋積蒼翠。

種竹

直節既陵雲，清陰似廣廈。只此數十竿，伴我幽窗下。

蒔荷

質不染淤泥，花甯畏炎熱。亭亭復亭亭，自有真清節。

分菊

勿惜栽培力，毋忘灌溉時。看花到秋日，孰是傲霜枝？

倚嵐軒

柴扉無事晝常關，西北諸山共往還。最愛一峰投子色，四時蒼翠潑窗間。

姚氏德耀五首

姚氏德耀 廣東惠潮道孔鈵女，中城指揮馬占鼇室，有清香閣詩集。王洛序曰：『宜人適以通涉經訓，深明大義，事舅姑盡婦職。其夫兄一齋先生病於吴，宜人適以覲省至，乃急使迎至蘇松道署，親視湯藥累月，只肅不倦，人咸稱之。』姚棻序曰：『從姑馬宜人爲叔祖惠潮觀察長女，素嫻内則，性喜爲詩，閨閣中倡隨歌詠，互相師友，與吾母太夫人唱和尤多，雖隔數千里，贈答往復，無異几席云。』

姬傳姪館選集放翁句誌喜〔一〕

在昔祖宗時，詩書守素業。名字振當代，人才分雜沓。規模三百年，努力光竹帛。豈惟人所憐，頗覺耳目愜。小子今何幸，清問方側席。取爾二三策，嗚呼豈人力？景運方盛開，飛騰上臺〔二〕閣。落筆九天上，萬丈掃寥闊。風雲正蒼茫，相望要不怍。佳事喜稠疊，吾詩安不作？

校記：〔一〕桐山名媛詩鈔詩題作姬傳六姪館選集放翁五古以誌喜。〔二〕『臺』，桐山名媛詩鈔作『樓』。

秋　怨

寒鳥投疏林，微霜被野草。感此節候移，使我百憂擾。登樓望夕陽，山川何杳渺。征人望〔一〕寒衣，深閨和淚搗。

校記：〔一〕『望』，桐山名媛詩鈔作『盼』。

叔父歸園守贛告歸

宦海倦知還，高風未可攀。官貧惟鶴在，身退伴雲閒。菊愛陶公徑，詩題謝眺山。賜金頻買醉，良友接歡顏。

至夫弟樂山丹徒官署

五年蹤跡寄烟蘿，百里〔一〕花封覽勝過。白髮解圍餘我在〔二〕，青雲得路望君多。江城久著循良績，海國頻傳豈弟歌〔三〕。天與團欒官閣〔四〕裏，舉觴邀月吸金波。

校記：〔一〕『百里』，桐山名媛詩鈔作『偶向』。〔二〕『在』，桐山名媛詩鈔作『老』。〔三〕『國』，桐山名媛詩鈔作『市』；『豈弟』作『樂只』。〔四〕『閣』，桐山名媛詩鈔作『舍』。

渡　江

波平如鏡晚〔一〕風清，舟似浮鷗一樣輕。行到故園三百里，月華初上皖公城。

校記：〔一〕『晚』，桐山名媛詩鈔作『午』。

姚氏綺霞三首

姚氏綺霞　迴夫女，鄧柏卿室，有綺霞詩草。

立　秋

新晴天氣爽，一葉落梧桐。丹鳥傳秋信，青蟬咽晚風。明河常達曙，皓月自懸空。殘暑欣將退，涼生小苑中。

七夕

玉露催良夜，牛郎奈若何？相逢惟此夕，惆悵別離多。

對鏡

臨妝曉起畫眉峰，含恨含情減玉容。顧影自憐憔悴甚，不堪明鏡日相逢。

姚氏如蘭二首

姚氏如蘭 太學生張蓮繼室。王晴園曰：『如蘭詩才娟麗，吟詠甚多。如荷花云：「滿湖烟月留珠佩，十里笙歌接畫船。」梅花云：「連朝小院多霜雪，好囑東風細細開」。皆佳句也！』

秋夜

太息韶光逝，蕭條又一年。乍寒霜墮地，入夜月横天。柝響千門寂，風聲萬木連。更愁南到雁，清唳白雲邊。

紈扇

齊紈纖潔似輕蟬，玉剪裁成素影圓。自畫乘鸞來霧裏，偶持撲蝶到花前。合歡漫寫班姬怨，相見還教謝女憐。時愛清風生袖底，秋來豈忍便相捐。

方氏孟式二十一首

方氏孟式 字如耀，大理少卿大鎮女，山東布政使張秉文室，有紉蘭閣集。明詩綜系傳：『濟南城潰，夫人從其夫與妾陳氏，殉節大明湖，贈一品夫人。』明史藝文志：『方孟式，紉蘭閣集八卷。』

四牡夫子行役志思也

〈御選明詩録〉

翩翩者鵻，肅肅其羽。王事靡盬，以風以雨。琴瑟在右，我心悲苦。檀車嘽嘽，悲風四起。父母既遠，維予與子。相隔千里，共飲江水。

破癡

灼灼桃李妍，飛向雒城邊。東風無百日，殘枝戀啼鵑。人生非草木，有時固纏縣。智障蟲語冰，華悦馬奔泉。生死七堪内，沉冥五濁前。千金聘碧玉，難買一心堅。宛轉爲情癡，如蛾投火然。守錢一毛悋，醫貧半菽廉。富貴不可常，胡爲膏自煎？流光如逝水，壽命匪山川。階前看走肉，癡骨埋荒巔。

題劉阮天台圖 御選明詩録

清谿十里隨落花，仙洞窅窅樵影斜。雞鳴月下環重翠，犬吠雲中淡遠霞。瓊霜難駐人間藥，綵雲易散鄉心惡。落花啼鳥寂無聲，雨捲霞空澗冰薄。天台清淚去沾衣，片片桃花逐客歸。明知後約仙緣在，忍見丹崖芳草肥。采藥空還尋舊好，桃源咫尺迷瑶島。胡麻寂歷怨東風，當年悔不青山老。

初　夏 御選明詩録

桃李辭春日卓午，樓頭楊柳薰風舞。池蛙鼓吹催花飛，枝鳥笙歌憐客苦。鏡裏眉顰白玉容，窗前人怨黄梅雨。薔薇滴翠紅泥香，拾翠如彈燕子語。

午　夢　御選明詩録

摘花浸酒解春愁，奄奄似醉兀如秋。風飄荷氣日卓午，一枕清涼翠簟悠。江山似見雲中影，萍水遥同海上鷗。蝶去徑尋千瓣蕊，鶴還同對一簾幽。朦朧倦眼東窗日，得失黄粱晷刻休。

寄任夫人　明詩綜選　御選明詩録

可怪暌違日，相思幾换年。故園芳草合，南國美人偏。生死交難見，悲歡意莫宣。只應三五夜，明月共君圓。

秋　興　明詩綜選　御選明詩録

西風傷往事，笑此客中身。葉落蒼烟斷，花開黄菊新。天涯蓬鬢短，邊檄羽書勤。蟋蟀知秋意，階前鳴向人。

病中思歸 御選明詩録

嵐氣爐烟合〔一〕，疏燈素影疑。愁生零雨後，病值落花期。夢裏鄉音近，天邊雁字遲。牀頭閒看月〔二〕，心事薄光知。

校記：〔一〕『合』，龍眠風雅作『含』。〔二〕『看月』，龍眠風雅作『月色』。

寄盛夫人 御選明詩録

繁霜百歲冷春幃，常共寒燈與〔一〕落暉。青草早封原上塚〔二〕，白頭尚〔三〕著嫁時衣。烟籠竹葉涼生案，雨溼梨花晝〔四〕掩扉。知否濟南〔五〕明月夜，迢迢夢繞舊漁磯〔六〕。

校記：〔一〕『與』，龍眠風雅作『泣』。〔二〕『青草』句，龍眠風雅作『黑髮已辭泉下路』；桐山名媛詩鈔作『青髩已辭泉下路』。〔三〕『尚』，桐山名媛詩鈔作『猶』。〔四〕『晝』，龍眠風雅作『静』。〔五〕『知否濟南』，龍眠風雅作『杯酒樓頭』。〔六〕『舊漁磯』，龍眠風雅作『楚天微』。

和外黄鶴樓

晴川春樹鎖眉頭，聞道君登黄鶴樓。鸚鵡洲前分二水，漢陽城外泊孤舟。萋萋草色春閨怨，活活江聲夜客愁。捲幔躊躇看不見，空憐新月曲如鈎。

春日隨任建甯過東林寺 御選明詩録

草堂〔一〕今又暫停車，彷彿當年醉月華。絶壁青山星斗落，環溪雪竇水雲賒。荒村沽酒和松葉，茅舍疏籬繞菜花。三〔二〕十六峰連翠黛，門前五柳是誰家？

校記：〔一〕『草堂』，龍眠風雅作『東林』；『又』作『夕』。〔二〕『三』，龍眠風雅作『六』。

山路雜興 御選明詩録

劃然鸞鶴奏〔一〕清笳，篠簜穿林日欲斜。春日〔二〕柴門餘緑柳，香來籬落入〔三〕黄花。珠簾噴雪垂千尺，茅屋封雲隱數家。烟景參差迷客思，殘碑古道帶流霞。

校記：〔一〕「劃然鸞鶴奏」，龍眠風雅作「繁絲急管雜」。〔二〕「日」，龍眠風雅作「去」。〔三〕「入」，龍眠風雅作「遍」。

春怨 御選明詩録

雙影淡烟籠，杜鵑枝上紅。梨花風雨後，人在月明中。

江上聽潮 御選明詩録

乘春畫舫一溪雪，獨宿江舟待月明。陡覺潮生驚夜雨，南天落葉盡飛聲。

芝城寄女 御選明詩録

莫問花開花落時，幽芳不必鬭濃枝。晝長無事香消篆，朝誦楞蓮〔一〕暮誦詩。

校記：〔一〕「蓮」，龍眠風雅作「嚴」。

悼女

寂寂空階細雨霏，愁人無語月無輝。東風不肯留春住，花落重門静掩扉。

憶舊

明詩綜選　御選明詩録

一别江潭月幾圓，相憐人面不如前。依稀舊日芳菲在，秋雨梧桐十二年。

两頭纖纖詩

御選明詩録

两頭纖纖同心蒂，半白半黑鴛鴦帶。腷腷膊膊悵離人，磊磊落落雲山外。

两頭纖纖並蒂花，半白半黑曉窗紗。腷腷膊膊他鄉月，磊磊落落訴琵琶。

田家樂　六言　御選明詩録

松下柴扉静僻〔一〕，籬邊竹徑清溪。菜花蝴蝶一色，野雀山雞亂啼。石上殘棋一局，松間初試新茶。春去不知節候，門前楊柳飛花。

校記：〔一〕『静僻』，桐山名媛詩鈔作『茅屋』。

方氏維則四首

方氏維則　户部主事大鉉女，諸生吴紹忠室，守節，有茂松閣集。静志居詩話：『方氏三節：一爲孟式，同夫殉國；一爲維儀，年十七而寡，守節，壽八十有四；一爲維則，年十六而寡，守節，壽八十有四。白圭無玷，苦節可貞，是以昭諸彤管矣。』

關山月

秋月照人明，關山萬里征。旄頭天上落，風暈海邊生。鼓角胡兒〔一〕曲，鐃歌漢將營。此行何以報？願築受降城。

校記：〔一〕『胡兒』，桐山名媛詩鈔作『羗人』。

樓中野望

微雨晚瀟瀟，山雲何處飄？群鷗藏野渚，乳燕入深條。雲外晨鐘暗，湖中春草凋。涼風聲颯沓，一似海門潮。

題竹

明詩綜選　御選明詩録

小院何空寂，相依獨此君。雪深愁易折，風急不堪聞。白石移花影，青苔擁籀文。樓頭明〔一〕月上，空翠落紛紛。

校記：〔一〕『明』，桐山名媛詩鈔作『殘』。

寄弟爾止客白門

夜月光輝蒲柳華，風鳴落葉冷江沙。征帆一片隨流水，故國千山隔晚霞。司馬定知探禹穴，仲連何處却田巴？秋聲寂寂雙魚窈〔一〕，屈指歸來天漢斜。

按：詩輯載此詩，作『石子岡前野草花，白門疏雨又啼鴉。征帆一片隨流水，故國千山急暮笳。嚴武有時容杜甫，魯連何處却田巴？賓鴻寥落雙魚杳，縱擬歸來鬢已華。』

校記：〔一〕『窈』，龍眠風雅作『杳』。

方氏維儀二十二首

方氏維儀　字仲賢，大理少卿大鎮女，姚孫棨室，守節，有清芬閣集。吴德旋聞見録：『維儀年十七而寡，能詩，著有楚江吟、歸來嘆、清芬閣稿。嘗與其從妹維則尚論古今列女之作，編爲宫閨詩史，分正、邪二集。又善畫人物，白描大士尤工。』明史藝文志：『方維儀清芬集七卷。』香祖筆記曰：『西樵兄嘗撰古今閨閣詩文爲然脂集，其説部内有方維儀閨閣詩評一卷、尼説七惑一卷。』静志居詩話：『龍眠閨閣多才，方、吴二門稱最盛，夫人尤傑出。其詩一洗鉛華，歸於質直，以文史當織紝，尚論古今列女之作，編爲宫閨詩史，覽者尚其志焉。集中句，若「白日不相照，何况他人心」；「高樓秋雨時，事事異疇昔」，何其辭之竟近乎孟貞曜也！』

傷　懷　明詩綜選

長年依父母，芳〔一〕懷多感傷。奄忽髮將變，空室獨徬徨。此身〔二〕何蹇劣？事事安可詳？十七喪其夫，十八孤女殤。舊居在東郊〔三〕，新柳暗河梁。蕭條下霜雪，臺閣起荒凉。人世何不齊？天命何不常？鷦鷯棲一枝，鯤鵬摶風翔。焉能忘故地？終朝泣斷腸。孤身當自慰，烏用歎存亡？

校記：〔一〕『芳』，龍眠風雅作『苦』。〔二〕『身』，龍眠風雅作『生』。〔三〕『郊』，龍眠風雅作『郭』。

死別離　明詩綜選

昔聞生別離，不言死別離。無論生與死，我獨身當之。北風吹枯桑，日夜爲我悲。上視滄〔一〕浪天，下無黄口兒。人生不如死，父母泣相持。黄鳥各東西，秋草亦參差。予生何所爲？死亦何所辭〔二〕？白日有如此，我心徒〔三〕自知。

校記：〔一〕『滄』，桐山名媛詩鈔作『蒼』。〔二〕『死』，桐山名媛詩鈔作『余』；『辭』作『爲』。〔三〕『徒』，龍眠風雅作『當』。

擬古

八月天高雁南翔，日暮蕭條草木黄。與君别後獨徬徨，萬事寥落悲〔一〕斷腸。依稀河漢星無光，徘徊白露沾衣裳。人生壽考安得常？何爲結束懷憂傷？中夜當軒理清商，援琴慷慨不能忘，一心耿耿向空房。

校記：〔一〕『悲』，桐山名媛詩鈔作『愁』。

芳山歌　御選明詩録

清露下兮更漏起，空庭杳兮無桃李。烏夜啼兮井上桐，結孤怨兮光照几。蕭蕭兮秋風，恨離别兮不同。雲飛兮天外，望芳山兮思無窮。

南浮十五夜

大龍山月生秋華，光飛白鹿至我家。我家山半翠微宿，常跨蒼龍乘白鹿。晨上高樓捲柴烟，晚風菱刺緩舟前。隔溪楊柳殘深緑，野水自漾湖中天。休嗟南浦流聲度，隱落西園好花樹。桂蕊飄香滿苑〔一〕幽，氛氲何處廣寒露？人間星漢迴〔二〕相期，回望清光不住時。霓裳羽葆〔三〕今何在？渺渺江天一雁悲。

校記：〔一〕『苑』，龍眠風雅作『院』。〔二〕『迴』，龍眠風雅作『邈』。〔三〕『葆』，龍眠風雅作『蓋』。

出塞 明詩綜選 别裁集選

辭家萬里戍，關路隔風烟。賦重無餘餉，邊荒不種田。小兵知有死，貪〔一〕吏尚求錢。倚〔二〕賴君王福，何時唱凱旋？

校記：〔一〕『貪』，桐山名媛詩鈔作『官』。〔二〕『倚』，桐山名媛詩鈔作『全』。

旅夜聞寇　明詩綜選　別裁集選

蟋蟀吟秋户，涼風起暮山。衰年逢世亂，故國幾時還？盜賊侵南甸，軍書下北關。生民塗炭盡，積血染刀鐶。

沈評：『如讀杜老傷時之作，閨閣中乃有此！』

三歎詩　按：此詩乃哀斷事公女川貞姑之作。　六首之一

涕泣分江口，傷情入故林。小臣爲碧血，女子亦丹心。孤幙風霜重，荒田雨雪深。門前丘〔一〕墓在，松柏至於今。

校記：〔一〕『丘』，龍眠風雅作『墳』。

憶金陵諸姊 御選明詩録

昨歲長干里，今宵寓楚城。漢宫彈一曲，幕府護千兵。花發留春意，人傷遠別情。可憐枝上月，長在子規聲。

獨歸故閣思母〔一〕 明詩綜選 御選明詩録

故里何須問，干戈擾不休。家貧空作計，賦重更添愁。遠樹蒼山古，荒田白木〔二〕秋。蕭條離膝下，欲望淚先流。

校記：〔一〕龍眠風雅「母」後有「太恭人」。〔二〕「木」，龍眠風雅作「水」。

暮春得張夫人書 御選明詩録

長干塵起更愁予，避亂荒居數載餘。鄉夢正勞新戰地，春風吹到故人書。庭梧寂寞清琴冷，江柳迢遥〔一〕白髮疏。惟冀鳳簫來白下，舊家同里候檀車。

校記：〔一〕『迢遥』，桐山名媛詩鈔作『條條』。

寄山東何方伯夫人之廣西　御選明詩録

越〔一〕絲吴縞隔江東，百粤〔二〕雲峰天漢中。水到湘灕〔三〕思已别，文留鈷鉧夢還通。鳳巢鑿玉真雙美，龍洞成霖滿大空。迢遞五千家莫問，音書何處託離鴻？

校記：〔一〕『越』，御選明詩作『機』。〔二〕『百粤』二字底本缺，據御選明詩補。〔三〕『灕』，御選明詩作『灘』。

秋後作

天高露下菊花開，朝夕餐英對碧臺。落日綺窗陰草樹〔一〕，多年朱瑟委塵埃。歸寧叔隗〔二〕誰能識？守信貞姜誓不回。闉閣少年多貴達，蓬門白首獨徘徊。

校記：〔一〕『樹』，龍眠風雅作『木』。〔二〕『叔隗』，龍眠風雅作『淑緯』。

慕亭　己巳夏，王母即世，殯天馬山，父大人年七十，廬墓側哀慕如孺子，爲茅舍於山，曰『慕亭』。

慕亭寒苦歲將過，手植松楸亦已多。盛夏炎蒸驄馬嶺，嚴冬冰雪木樨河。廬中七十徵連理，門下三千廢蓼莪。有女未能隨墓側，焚香終日誦彌陀。

月夜

幽亭溪水碧，惆悵撫孤琴。夜夜湘潭月，清輝滿竹林。

過石磯　御選明詩録

巉巖回岸曲，碧葉生秋樹。朝朝欸乃聲，不識江行路。

北窗　御選明詩録

香風吹入簾，臺畔花如雪。遥憶故鄉琴，無聲對秋月。

看梅

春風何事到江關？寥落蓬門鬢已斑。惟有溪梅花意好，年年開放舊青山。

楚江懷吴妹茂松閣　明詩綜選　御選明詩録

空林隕葉暮烏啼，雲水迢迢隔皖溪。夜發蒼梧寒夢遠，楚天明月照樓西。

春庭　御選明詩録

烟含堤柳水縈沙，寄寓秦淮已作家。一度空庭人寂寞，不知溪上落梅花。

春雨　御選明詩録

春江新雨到窗西，雲暗山光遠樹迷。零落梨花飛欲盡，故園應有鷓鴣啼。

田家行

桑婦辛勤二月天，星河未曙視蠶眠。堂前姑老貧無養，織就新絲值幾錢？

方氏御二首

方氏御　簡討以智女，李極臣室，有旦鳴閣稿。潘蜀藻曰：『極臣以外戚應襲武清侯爵，值改步，家道中落，夫人安冥偕隱，不以菀枯屬意。』

登　樓

簾捲高樓天似水，西窗獨向斜陽倚。却憐春色自年年，目斷家山心萬里。

舟中有感

江天風雨晝淒淒〔一〕，浪打孤舟獨去遲。解道萍蹤杳〔二〕無定，相逢早怕別離時。

校記：〔一〕「晝淒淒」，龍眠風雅作「冷淒其」。〔二〕「杳」，龍眠風雅作「本」。

方氏筠儀一首

方氏筠儀　孝豐知縣方將女，貢生左文全室，有含貞閣集。隨園詩話：「方氏年二十六而寡，守志以終，所著有含貞閣集，其檢先夫遺草一首最沉摯。」

檢先夫遺草

鸚鵡才高奈〔一〕數奇，未開篋笥淚先垂。平生映雪囊螢力，不見騰蛟起鳳時。獄底龍光埋〔二〕詎掩，墓門鶴返事難期。九京應悔嘔心血，百卷文章待付誰？

校記：〔一〕『奈』，御選明詩作『屈』。〔二〕『光埋』，御選明詩作『埋光』。

方氏一首

方氏 恪敏公三妹。

畫牡丹並題詩 隨園詩話

菊瘦蘭貧植謝家，愧無春色繪年華。剩來匳底胭脂水，學畫人間富貴花。

方氏雲卿十三首

方氏雲卿　字怡雲，方于朔〔一〕女，諸生吴詢室，有屏山堂詩集。吴仲岳屏山堂集序：

『內子爲方密之先生之玄孫女，家世風雅且清芬，淮西之遺澤未泯。內子幼好吟詠，及笄而歸余，井臼之外，讀書不釋卷，論詩以唐爲宗。嘗曰：「昔人評唐賢七絶壓卷詩未有定論，以妾觀之，其『日長風暖』、『洞庭西望』、『西宫夜静』乎？」余笑而頷之。內子平日覽古及佐余課兒女子輩，多在中饋間，於詩少所許可，獨喜族弟海屏詩，以爲今之孟六。奉先慈唯謹，及病疽，侍湯藥者累旬日。年逾七旬，多病而少粒，遂卒。』

校記：〔一〕『于朔』二字底本缺，據方氏家譜補。

楊柳篇

陽春三月春日晴，垂楊裊裊拂雕楹。交衢夾道飄金縷，向夕陵晨轉翠屏。憶昔春風漢苑時，靈和殿外數枝垂。迎風張緒移清影，待月班姬掃淡眉。漢苑靈和事已非，金塘玉沼又成圍。誰家池館春先到？何處園林燕早飛？裊霧和烟覆井欄，露桃花下怯春寒。水晶簾外眠初起，玳瑁筵前春未闌。楊柳成陰春晝長，美人挾瑟上高堂。低垂寶幄同心結，半拂珠櫳蘇合香。含情無語憶征人，閒織回文作錦鱗。長安此日多新柳，紫塞猶寒未覺春。空惜韶光逐水流，征人何日大刀頭？蘇卿去國年猶少，定遠回朝鬢已秋。日暮高樓玉笛聲，垂楊裊娜不勝情。年來若更輕離別，願逐楊花化綠萍。

銅雀臺

銅臺西望臨漳渚，蘭宫柏殿藏歌舞。臺上歌聲起碧霄，臺前花落飄紅雨。南飛烏鵲幾經秋，對酒當歌盡散愁。分香賣履人何處？漳水無情日夜流。

擣衣曲

疏桐清露如珠滴，玉階香霧雲鬟溼。誰家庭院起秋砧？獨上高樓聲轉急。明月高高秋夜長，金波掩映入蘭房。銀蟾影落流蘇帳，玉兔光生翡翠裳。銀蟾玉兔寒光裏，紛紛落葉秋風起。蟋蟀微吟薜荔牆，鴛鴦深宿芙蓉水。蕭森北斗橫銀漢，捲簾望月空長嘆。回文閒織盼雙魚，戍衣夜擣思征雁。裊裊秋風動桂林，廣寒宫殿夜沉沉。年年砧杵敲秋月，惟有嫦娥知此音。

吴山人

犬吠疏籬外，人歸夕照前。昏鴉啼遠樹，修竹入寒烟。煮茗燒松葉，臨流聽石泉。幽居静如此，深坐夜忘還。

暮春即事

何人唤起王摩詰，淡寫山容入畫中。萬點落花浮砌草，數聲啼鳥過簾櫳。春深樓閣霏霏雨，緑滿池塘細細風。門掩垂楊寒食近，臨窗高詠有誰同？

江村即事

怡情山水繞吾廬，尊有香醪案有書。白露庭前生桂樹，秋風江上賣鱸魚。詩從元亮琴中得，家在公麟畫裏居。不染輕塵常自得，閒評花月欲何如？

聞鶯有感

小園幽静早聞鶯，鶯語間關弄轉清。芳草烟燻三月雨，柳緜風捲一池萍。春如佳釀愁常醉，心似回文織未成。放鶴攜琴持羽扇，山中擬作看花行。

明妃怨

自出蕭關後，花容與畫同。愁心隨漢月，猶到舊時宮。

題畫

烏柏丹楓〔一〕醉曉霜，一行征雁點秋光。小橋流水柴門迴，坐看歸帆下夕陽。

校記：〔一〕『柏舟楓』，桐山名媛詩鈔作『柏吟風』。

春閨詞

簾捲春風燕燕飛，樓前新柳又成圍。去時初拂王孫馬，落盡楊花尚未歸。

送行

江干垂柳復垂楊，湖水清清江水長。今日送君春欲暮，好隨歸雁過衡陽。

遊　仙

清淺銀河映女牛，西南雲淡月如鈎。天台道士來相訪，同抱瑤琴過海洲。

茅　屋

幽人高致似山家，松火新烹雨後茶。門在小橋流水外，庭前一樹石楠花。

左氏如芬七首

左氏如芬　字信芳，鶴巖女，姚非庵室，早卒，有纕芷閣詩稿。

初　夏

匆匆〔一〕薰風度，韶華病裏過。不知春色盡，但見落花多。拈韻消長日，看書醒睡魔。晚涼新月上，清影照藤蘿。

校記：〔一〕『匆匆』，龍眠風雅作『忽忽』。

菊月夫子北上詩以言別

强疊征裘淚暗垂，秋風瑟瑟又將離。曉天霜月常隨馬，晚岫烟霞盡入詩。野店聞砧驚短〔一〕夢，荒庭落葉動人〔二〕悲。欲知別後思君處，小閣殘燈夜雨時。

校記：〔一〕『短』，龍眠風雅作『客』。〔二〕『人』字底本缺，據龍眠風雅補。

夜坐懷夫子

閒坐翻書强自寬，孤窗寂寂淚空彈。風摇紙帳梅花落，月浸蘆簾樹影寒。短蠟無心和漏盡，疏鐘有意報更闌。應知旅夜思鄉〔一〕處，宿酒微酣客夢殘。

校記：〔一〕『思鄉』，龍眠風雅作『懷人』。

詠柳

帶雨拖烟拂小樓，枝枝摇曳動人愁。柔條縱有絲千縷，不向江頭挽客舟。

觸緒生愁。

閒居

竹陰籠日映窗紗，裊罷爐烟一縷斜。蝴蝶不知春去久，雙雙飛上石榴花。

春去而石榴花開，已覺良時匆匆矣。然蝶猶雙舞，而人則單棲。感時歎逝，情何能已！

暮春即事

紙閣香銷午夢殘，起來無力倚闌干。桃花飄盡鶯聲老，零落春光不忍看。

秋夜夫子赴芸圃酌酣飲達旦

静掩紗窗避晚涼，挑燈獨坐夜偏長。無情最是初生月，不待人歸上短牆。

月去何早，人歸何遲。情事蹉跎，足增永歎。

左慕光二首

左慕光 字松石，號盡心老人，候選州同知縣宗女，汶上知縣葉馥室。

感　懷

寄跡異鄉非本意，强支門户萬分難。衣裳似笋層層剝，質券如書日日看。可奈空箱無長物，更兼多病減朝餐。一腔磈礧誰堪訴？閒坐中庭悶倚闌。

書閨秀葉柏芳詩後 見春草堂詩話

雕龍剪燭當經看，土炕跏趺不覺寒。願效莊周化蝴蝶，隨風吹上玉欄杆。

潘氏翟二首

潘氏翟 字副華，副使映婁女，簡討方以智室，有宜閣詩集。潘蜀藻曰：『從姑適方，未幾遭罹禍亂，密之先生間關萬里，甚至棄家。舅姑子女死喪婚嫁，從姑以身任之，可謂死者復生，生者不愧矣。所著有宜閣集，燬於火。今録其子中通、中履所口述者。』

病　中〔一〕

患海辛勤老更愁，那堪屈指話從頭？但將苦節還天地，悉聽花明水自流。

校記：〔一〕龍眠風雅詩題作病中别歌。

哭夫子　六首之一

回憶分離出世外，吾攜稚子返家園。全君名節甘貧苦，無限傷心不敢言。

潘氏二首

潘氏　國柱女，監生馬應泰繼室，有嘔香吟草。

古意

我有一紈扇，團團似明月。月亦有時虧，扇亦有時歇。

對月懷夫子揚州

流螢幾點映疏星，獨坐偏教百感經。願寄愁心託明月，隨風直到竹西亭。

陳氏舜英二首

陳氏舜英 溧陽人，相國名夏女，方中通室，有文閣詩集。

憶伯兄瀋陽時老母寄居都門

自到龍眠掃[一]敝廬，辭家屈指四年餘。鶺鴒有賦空傷別，鴻雁無情不寄書。萬里關河人去後，一天星月夢來初。慈親已覺燕山遠，恐爲遼陽更倚閭。

校記：〔一〕『掃』，桐山名媛詩鈔作『歸』。

同二女夜坐

虛窗遥見斗牛横，攜女同看夜景生。月上花枝風過影，霜鋪茅屋雁來聲。迢迢世路關山阻，寂寂城樓鼓角鳴。四壁蕭然無一語，爐烟消盡淚盈盈。

章氏有湘八首

章氏有湘 字玉筐，號橘隱，華亭章簡之女，孫中麟室，有澄心堂、望雲、再生等集。

呈清芬閣姚夫人

前歲春王正月時，相逢邂逅稱相知。促坐合尊浮綠蟻，賦詩往往同襟期。清芬一卷香盈〔一〕紙，君家才藻世無比。謝韞休〔二〕題柳絮詩，班昭漫續東觀史。書法絕勝衛夫人，圖畫〔三〕並傳吳道子。堪嘆孤燈五十年，湘靈哀怨託冰絃。此志爭光惟日月，柏舟不數共姜堅。一生只在閨中老，鉛華罕御曳素縞。可憐鶴髮白如絲，膝前〔四〕更少宜男草。我爲君悲作短吟〔五〕，愧無佳句比南金。相思未得常相見，悵望楓林白露深。

校記：〔一〕『盈』，桐山名媛詩鈔作『拂』。〔二〕『休』字底本缺，據龍眠風雅補。〔三〕『圖畫』，龍眠風雅作『畫像』。〔四〕『前』，龍眠風雅作『邊』。〔五〕『吟』，桐山名媛詩鈔作『音』。

九日雨中有感

每到茱萸節，思親泪滿衣。難禁心耿耿，况對雨霏霏？故國秋蒓老，他鄉客夢稀。登臨憐弟妹，竟作彩雲飛。

曉　思　〔別裁集選〕

窗外雞初唱，花間露未乾。欲臨明鏡照，猶怯翠眉寒。宿鳥翻林樹，歸鴻振羽翰。不知鄉國信，何日報平安？

秋　懷

露華寒夜滴柴扉，留滯天涯未擬歸。吴下雲深鴻雁杳，楚江秋老鷓鴣飛。穿針結縷人誰共？詠絮吟風事已違。聞道故園蒓菜熟，他鄉回首淚沾衣。

雨中即事

檐前兩日綢繆雨，江上三春黯淡風。啟户忽驚芳草碧，登樓初見杏花紅。呢喃漸有尋巢燕，嘹唳徐聞出塞鴻。景色新亭應不異，空勞歧路泣〔一〕途窮。

校記：〔一〕『歧路泣』，龍眠風雅作『痛哭怨』。

别四叔母

楚澤招魂事渺茫，一門忠孝死何妨？覆巢尚賴持門户，破産那能覓稻粱？梓里相逢如夢寐，河梁此别又參商。一經不廢孤兒業，織素空餘兩鬢霜。

婕妤怨

憶昔曾辭輦，承恩此日疏。長門雖有賦，不用買相如。

思歸

百花開遍又春殘，獨在天涯別淚彈。離恨欲煩青鳥寄，雲深水闊到應難。

張氏一首

張氏 文端仲姊，吴式昭室，有履雪閣集。篤素堂集履雪閣詩集序：『仲姊爲未亡人，爲人生之不幸，其詩往往欷歔感慟，以涕零於九原之人，冰雪苦寒，素潔莫比，履之者守其寒，師其潔也。』

病中口占 別裁集選

珍重餘生劫後身，却憐孤負一分春。殷勤好與東風約，留取餘花待病人。

張氏瑩十三首

張氏瑩 字□□，大司馬秉貞女，方中履室，有友閣集。張文端集友閣遺稿序：『吾妹爲叔父大司馬公女，少適合山，即屏棄紛華，耽嗜恬素，居室孝敬婉嫕，極得太夫人歡，内外姻婭皆稱其賢。性慧，喜讀書，從合山學詩，間爲一篇，以寫其意，多見道語，不類世俗女子香奩之音，以慟女子成疾，早世。』

見月

樹影入高樓，疏簾爲〔一〕上鉤。人間都是月，暑氣忽如秋。遊子千峰外，鄉關五夜愁。誰憐倚虛幌？偏照淚長流。

校記：〔一〕『爲』，桐山名媛詩鈔作『未』。

夜泛〔一〕菱湖

四望邈無際，連天水自明〔二〕。星隨魚火盡，艕〔三〕帶雁聲鳴。夜色千林外，秋風一葉輕。草蟲〔四〕喧兩岸，久聽不知名。

舟中夜景如繪。

校記：〔一〕『泛』，桐山名媛詩鈔作『泊』。〔二〕『明』，桐山名媛詩鈔作『鳴』。〔三〕『艕』，桐山名媛詩鈔作『櫓』。〔四〕『蟲』，桐山名媛詩鈔作『蛩』。

和合山山居四時樂

烟嵐閒始得，笋蕨味何長。萬木争爲緑，群鶯各自黄。午窗梧葉大，晨露芰荷香。永日忘言處，蟬聲送夕陽。

呈合山夫子

家貧有日曝前軒，環堵蕭然好避喧。芻狗雖傷吾道賤，犧牛誰似布衣尊？文章自足垂千古，忠孝原來聚一門。但得饁耕還采藥，何須更與世人言？

負戴接輿之偶，椎髻伯鸞之妻，有此協趣。

乙巳春仲送外之宣府

每慕龍門愛遠行，縱橫萬里快生平。舟浮炎海曾南極，馬渡流沙又北征。足跡幾窮輿地半，家居反覺土音生〔一〕。黄榆白草燕然外，只恐難禁吊古情。

校記：〔一〕『生』，桐山名媛詩鈔作『驚』。

聞合山述塞景

殊方物候異中州，日夜邊風吹不休。野草欲青多是夏，嚴霜已白未經秋。平沙大漠隨天盡，橫笛清笳動地愁。南北往來將萬里，何堪此處尚淹留？

暮春憶外省侍壽昌

楊花落盡尚征途，阻隔雲山天一隅。鄉國蕭條春事晚，風塵荏苒客身孤。深閨遠思情多少，旅舍歸心夢有無。欲付尺書雙鯉去，江湖不肯過鄱湖。

九日懷遠

捲簾愁見北來鴻，獨坐焚香萬念空。小閣又經黃雀雨，孤帆好趁鯉魚風。三秋有約惟書至，千里還家只夢中。近日悲涼君若見，歸心定與妾心同。

寄合山

年年别淚未曾乾，去國能無行路難？魂夢不知今楚地，夜來依舊繞長安。

病 中

病中伏枕久〔一〕回思，孤客他鄉那得知？只有夢魂能縮地，夜來猶許到天涯。

校記：〔一〕『久』，龍眠風雅作『九』。

雨阻行期

冷雨幽窗每自傷，况當離别倍凄涼。燈前忍却酸心淚，恐帶啼痕到異鄉。

代閨怨

一自征夫别故鄉，鳳釵零落不成妝。秋來寂寞寒閨夜，可是人間一樣長？

細腰難繫舊時裙，别後羅衣總罷薰。欲寄回文到邊塞，憐才那得竇將軍？

張氏似誼二首

張氏似誼 字鸞賓，大司馬秉貞女，姚文燕室，有保艾閣集。方畿保艾閣詩集序：『小山治蒲亭，皇華往來如織，而能靖萑苻恤中。澤闢汙萊，民無啼饑，國無逋賦。夫人安於儉素而不廢詠歌，淵淵然如出金石。小山於退食之餘，倚聲唱和，如鼓琴瑟。』張文端保艾閣詩集序：『芸圃之妹適姚小山，妹生長於風雅之林，得於性者既深，復工詩，相與唱和於閨閣之內。其詩清和婉約，令淑之意見於楮墨間。』

江雨感懷

攜手蒲塘作宦遊，獨憐歸路去〔一〕悠悠。連宵不斷官衙夢，細雨重添客舫愁。怨逐曉雲過古堞，淚隨春水向東流。烟霞何日成偕隱，對景分題足倡酬。

校記：〔一〕『路去』，龍眠風雅作『去路』。

春暮感懷

梅子青青護小窗，風來瑰蕊送餘香。可憐春在愁中盡，滿地殘紅總斷腸。

張氏令儀二十三首

張氏令儀 字柔嘉，文端公三女，諸生贈長蘆運同姚士封室，有蠹窗集。吴泳蠹窗詩集序：『湘門以佳公子宿學雋才，聲名藉甚。夫人爲相國閨秀，蚤工詠絮，賓友相莊。其詩原本深厚，包含宏肆，而懷古論世，生面别開，得向來之所未有，至於細推物理，曠識達觀，夙慧再來，天真爛漫，自成一家，非復隨人作計也。』方正玉𦣇窗集序：『夫人慧性，夙具讀書內蘊，博洽充贍。其詩幽嫺，詞旨溫厚。可異者，以金閨珍護之身，獨能卸華縟，茹荼蓼，相夫訓子，甘淡泊以自適，其殆擅班姬之學、謝女之才，而兼少君、孟光之德者乎？』馬源曰：『文端公以鴻章巨筆，鼓吹廟廊，退而用所得，甄陶諸公子，皆蔚爲國器，而以其餘施於女公子。而夫人才性之殊，適承其際，朝夕一堂之上，以謀篇拈韻爲恒課，以佳思警句爲承歡。其學之積久而工且富，以馳聲藝林也，宜哉。』沈德潛別裁集評曰：『夫人工古文，不專韻語，端本殖學，比於韋逞母之授經。』張文和澄懷遠集𦣇窗詩集序：『先太傅以六藝教於家，三姊幼穎異，組紃之外，兼習於詩。姊夫湘門負儁上才，紙閣蘆簾，酬唱者無間。姊氏之詩發抒性情，陶鑄經籍，而出之沖容秀潔。讀是集者，自能辨之。』𦣇窗自序曰：『余以弱齡于歸吴興。先太傅、太夫人居京師，弟、兄皆隨侍，而余獨留故國，瞻望燕雲，寄聲北雁，情難當已，涕淚因之。先舅翁階州公，爲清白吏，壁立蕭然。夫子湘門懷才不偶，餬其口於四方者，幾四十年。余索居窮巷，形影相依，草𤋮風暖，夏簟冬缸，觸事興懷間，發之於長章短句，繼則夫子以屢躓鎖闈，齎志而殁，兒子鉶鑑衣食奔走，余寂寞孤幃。風雨之悲、門閭之望，無可發抒，或歌以當哭，或詩以代書，叢雜無章，不自修飾，豈得自附於風人之末哉！姪女仲芝憐余衰老，恐一旦溘先草木，乃爲收拾殘篇，付之梨棗，余不能却也。覽者略余之鄙陋，而嘉仲芝之高義焉，其可也。」

擬古

西北有高樓，連垣勢崔嵬。沙堤森畫戟，夾道蔭青槐。冠蓋遥相望，朱輪殷若雷。金貂垂七葉，列宿被三台。功業被生民，令德世所推。聲華誠赫奕，沛澤及輿儓。我爲舊雞犬，仙去落塵埃。安得逐烏衣，銜泥巢高臺？

不寐 別裁集選

天將降陰雨，病骨必先痛。輾轉不能寐，常至霜鐘動。老覺近年增，愁自三生種。萬慮嬰此心〔一〕，疾苦非所重。逝者日以遠〔二〕，憂來誰與共？一歲又將除〔三〕，五窮〔四〕復難送。翻羡長眠人，不醒鈞天夢。

校記：〔一〕「嬰此心」，桐山名媛詩鈔作「積此時」。〔二〕「以遠」，桐山名媛詩鈔作「已久」。〔三〕「一歲」句，桐山名媛詩鈔作「歲聿既云暮」。〔四〕「五窮」，桐山名媛詩鈔作「窮鬼」。

風雨夜聞歌吹聲

北風凜凜欲拔木，驚心只恐捲茅屋。柴門獨掩一燈昏，手把殘書愁萬斛。誰家歌舞向宵闌？急管繁絃竟夜歡。銀燭清樽常似晝，錦屏繡幄不知寒。宴客高堂連廣廈，玉缸春酒如濤瀉。狎客稱觴四座同，妖姬巧笑千金價。彼造物者乃無情，廡問空負伯鸞清。五噫歌罷知何處？老向夫差舊日城。

賜金園雨後即事

數峰微雨後，蒼翠滿柴門。歸鳥銜殘照，低雲壓遠村。泉聲搜澗合，樹影罥烟昏。此際誰來往？松間牧笛喧。

苦　雨

三徑環春水，渾如汎野航。天低雲入户，瓦裂菌生梁。宿蝶藏花密，飢禽冒雨忙。據牀成一笑，聊復詠滄浪。

秋日登樓

小樓堪縱目，四面列蒼山。老樹如人瘦，秋雲似我閒。雨銷虹影裏，秋在雁聲間。塵抱一時浄，臨風且放顔。

幽居雜詠　三十首之二

百舌鳴高樹，幽人曉夢回。烟凝芳草合，簾捲杏花開。登眺消長日，迂疏養不材。花間來往慣，魚鳥不驚猜。

暇日淡無慮，焚香清道心。雨晴朝放鶴，月好夜横琴。閣帖臨黄絹，旗槍煮緑沉。柳緜飛似雪，不覺又春深。

七夕

天上逢兹夕，雙星又渡河。重煩烏鵲駕，暫罷錦雲梭。帝子傷離久，庸人得巧多。泉臺悲永訣，存没慟如何？

庸人得巧而受福，造物忌才，雖閨閣亦同。兹慨結末尤爲沉摯。

小院殘春

幾樹殘紅瘦不支，緑陰滿地燕差池。春歸細雨斜風里，客病輕寒得暖時。鬬草簾櫳人寂寂，鞦韆庭院日遲遲。柳花飄蕩東西陌，閒殺青青百尺絲。

夜坐

短燭殘更掩敝廬，敢將蕭散負三餘。工嫌婢惰親縫紝，學恐兒疏自校書。旅雁傷秋頻作客，啼烏繞樹劇愁予。變絃何處高樓月？未覺輕寒到薄裾。

數時食不繼書此示子女

拂硯惟臨乞米書，炊烟不繼盎常虚。因删口數先除鶴，痛節盤餐不食魚。翠管懶添愁裏黛，白頭猶著嫁時衣。願他兒女皆愚魯，煮字劬書莫似予。

五畝園鶴

舊蓄二鶴，忽殞其一，孤侶哀鳴，都忘飲啄，詩以吊之。　別裁集選

西風一夜返芝田，仙蜕遺形尚宛然。舊過蒼苔猶有迹，重來華表是何年？獨臨池畔悲孤影，唳入秋空泣暮烟。奚事感人情最切，嚴霜落木五更天。

惆悵吟　四首之一

憶昔承歡在謝家，封胡羯末鬬才華。清詞暢處風生座，麗句吟成筆有花。風裏落紅分溷席，秋來乳燕各天涯。每當飛雪添惆悵，太傅門庭冷舊沙。

讀金石録後序追悼李易安

天涯飄泊剩殘軀，鬬茗論文憶得無。薄命不隨金石盡，問君何事惜桑榆？

義正詞嚴，易安見蠹窗，不得才藻自炫矣。

雙溪感舊　六首之一

若謝華簪事耦耕，七年花木共經營。傷心永斷龍眠路，亭子秋妍始落成。

先太傅成秋妍亭後，即抱病不起。

讀史雜詩　二十四首之二

青鸞吞噬幾能全，世事真同螳捕蟬。縱使黃金如土賤，只堪貼地步生蓮。

陳高祖欲使黃金同土價，孰知後世之奢敗有如此者。

天心苦未厭干戈，九姓匆匆幾載過。輸與癡頑長樂老，於中博取好官多。

五代生民塗炭，就中自詡得計者，惟長樂老人。

過青陽　三首之一

粉牆華屋密層層，坊市家家署永興。二月江南風味別，擔頭邀客買烏菱。

哭夫子　二十首之二

策獻天人苦未收，幾回腸斷秣陵秋。可憐易簣無他語，猶恨生平志未酬。

正坐長貧入世難，讀書萬卷誤儒冠。冥曹倘索修宮價，楮鏹猶能博一官。

步姑蘇女仙碧篠降乩原韻

壬寅秋，清河諸昆季請仙於修堂，有女仙降壇，自書『姑蘇碧篠』，作詩數首，有問者亦不甚酬對，但書『索蠹窗主人和之』，予何人？乃蒙仙靈見知，因感其意，爰步元韻酬之。

舒毫握管想纖纖，小閣清吟不捲簾。玉碎香銷知有恨，何年竊藥步銀蟾？

何須追悔失光陰，往事都隨劫火沉。恨不生逢珠玉質，早親蘭臭結同心。

張氏潤芬一首

張氏潤芬　蘭溪縣丞裕鍾女，馬鎔室。

即　事

窗外萋萋芳草徑，多時未到小池邊。西風夜靜涼如許，吹散萍蕪放白蓮。

張氏瑞芝一首

張氏瑞芝 奉賢訓導張水容女，方□祺室，有三芝軒詩存。弟鵠序曰：『余女兄三皆能讀經史，習詩章。余幼時因從辨四聲，習典故，迨于歸後，遂棄筆硯，而從事酒漿、絲枲之功。原詩稿爲吴中徵刻閨秀者取去。今就所存録而弆之，各爲一卷云。』

送秋

籬菊英〔一〕殘野興間，瀟瀟細雨送秋還。園林寂寞砧聲急，又見飛鴻過遠山。

校記：〔一〕『英』，桐山名媛詩鈔作『花』。

張氏玉芝一首

張氏玉芝 字□□，方□□室。

無題

露溼林花月到窗，新涼秋氣滿空江。倚樓爲聽鳴砧急，一夜蟲聲雁影雙。

張氏愛芝二首

張氏愛芝 字□□，董□□室。

晚眺

風透疏林夕照斜，江天如洗吐晴霞。淡烟一抹青山遠，遥見前溪八九家。

絶句

輕烟寒碧夕陽開，閒坐紗窗數落槐。一帶青山如畫裏，晚風吹雨入簾來。

張氏熙春六首

張氏熙春 □□□□□女，姚映湖室，有培桂軒詩鈔。姚惜抱曰：『後有君子録閨閣詩者，必勿遺熙春之詠也。』

聞　雁

月暗南樓夜，長空雁影微。一聲催木落，萬里帶霜飛。愁客難成夢，寒閨罷搗衣。江湖矰繳滿，莫戀稻粱肥。

送十婿道平赴廣西

觸起愁懷在別筵，此行能不夢魂牽？山程水驛三千里，雪鬢霜顏五十年。回首閨中成往事，含情江上且留連。臨風揮淚無多屬，惟望雲衢早著鞭。

苦雨

苦雨連宵不耐聽，江城烟霧共冥冥。飛殘柳絮沾泥徑，零落花魂冷畫屏。望斷寒雲千里白，驚回幽夢一鐙青。何時得見銀蟾滿？扶杖閒吟到草亭。

觀野晚烟

憑高望遠興悠然，裊裊如絲散晚烟。隔樹迷離人影亂，横空繚繞雁行連。萬家樓閣春雲裏，一帶溪山夕照前。最好風光添暮景，筆端應繪李龍眠。

春日游東皋

春到名園識化工，滄波亭子倚東風。差參修竹看無際，睍睆流鶯聽不窮。芳草過山千幛碧，斜陽浸水一溪紅。輞川自古如圖畫，樵唱漁歌隔樹通。

次四婿宇春登大觀亭原韻

高亭矗立大江隈，此日登臨四面開。九華烟嵐浮曉日，二龍風雨送輕雷。浪花遥蹴侵簾幌，帆影横過落酒杯。健筆陵雲留勝蹟，飄飄真有馬卿才。

江氏瑶六首

江氏瑶 字墨莊，參政皋女孫，諸生左沅室，有墨莊遺稿。蠹窗張令儀序：『己未夏日，左子松儀持其母江夫人遺稿見示，捧讀之下，深歎其樂道安恬，得風人之旨。其夫子湛涵先生懷才抱器，屢屈於有司，不得伸其志，憤激而遊名山大川，以抒胸中塊壘。夫人則魂消南浦，夢斷高樓，故懷人望遠之詞，恒多於閨中唱和之什。未幾而弱不勝愁，憂能致病，遽返仙馭，永辭塵寰。嗟乎！夫人與予同生盛世，幼同里閈，境遇坎軻復相同，忝在姻婭覿面失之，彌深悵惘。蓋夫人深嫻内則，不以才自炫，故著作鮮有知者。三復遺音，追思莫及，夜臺有知，實鑒此誠也。』

夜　話

夜色碧沉沉，風寒月滿林。清樽留別苦，細雨入愁深。强作干人計，難違抱道心。莫因無識者，輕碎伯牙琴。

雨窗偶成

雨霽片雲收，鳩啼小徑幽。得閒應不偶，知命頗忘憂。吟就教兒詠，厨荒厭婢愁。繁華當日境，移作夢中遊。

晚亭即事

林木陰森積暮烟，籬花香落草芊芊。頻芟蛛網妨羅蝶，爲灌園蔬汲活泉。雨氣暗生三徑竹，秋聲忽聽一枝蟬。小窗清絶無人到，碧玉壺中注白蓮。

聞鵑

叫破春雲第一聲，就中獨有客心驚。來時每不過三月，聽處偏多在五更。蜀道魂消愁更結，芳林花落恨難平。憐君淚血年年苦，未盡江天離別情。

野薔薇

幾年蕭瑟委蒼苔，也傍疏籬爛漫開。春意却從閒處得，幽香時向静中來。名輕不與群芳妒，性冷偏宜僻地栽。莫羡上林花事好，飄零一樣混蒿萊。

題畫

春鳥無言花不飛，漁翁攜得釣竿歸。夕陽影裏千尋塔，疑有鐘聲出翠微。

馬氏三首

馬　氏　贈承德郎占照女，進士姚喬齡母，有漁窗閒詠。費丙章跋：『太孺人幼通經訓，嫺文史。喬齡少時皆太孺人教之，講授有法，儼然經師。平生喜吟詠，以非婦人所重，不自收拾，僅存百餘篇。』

春暮即事

含桃節過春將去，歲月催人兩鬢華。階砌久縈書帶草，園林漸放米囊花。怡情漫展殘書帙，解渴頻煎細露芽。百卉飄零風雨甚，喜添蕉緑上窗紗。

丙寅元旦

强扶病體酬佳節，自顧形神甚覺癯。老去尚思浮柏葉，春來忽又换桃符。怕看新曆嫌增壽，喜見諸孫尚不愚。未識明年身健否，且攜堂上飲屠蘇。

夏日睡起

高卧窗前意未央，隔簾無那鳥聲忙。驚回一枕松風夢，日影低徊過短牆。

胡氏師藴三首

胡氏師藴 清河司馬胡泌女，童某室，有師藴詩草。

書懷

萬物誰齊等？人生只自知。可憐心似石，轉笑命如絲。多病難成夢，長愁但有詩。春回尚冰雪，天地自無私。

晚步

斜日下汀洲，相將此際遊。亂山楓葉晚，一水蓼花秋。野犢争歸路，寒鴉逐客舟。前村漁火影，隱隱到江頭。

襄陽舟發

樹暗河干草接灣，薰風輕蕩送南還。一帆初挂襄陽月，千里遥思漢口山。水鳥漁舟詩境裏，烟村雲寺畫圖間。夢回□署因何事？歎慰嚴親别後顔。

劉蕙閣一首

劉蕙閣 中芙女，諸生吴巨瑄室。

雨夜

萬種憂思訴與誰？挑燈獨自寫新詩〔一〕。無情最是三更雨，滴醒愁人聽子規。

校記：〔一〕『詩』，桐山名媛詩鈔作『詞』。

程氏令嫒五首

程氏令嫒 字儀卿，程宗涑女，吴鎮卿室，有桐篸詩鈔。吴訒甫序詩鈔曰：『儀卿幼從學於許君香韭，歸余族孫正卿，婉順相得。幼工韻語，中饋之暇，不廢吟詠。歸未及三年而遽逝。今閱其詩興寄吐屬得風人之致，詠物則巧而不纖，抒情則麗而有則，信乎取法者正，而足以自傳其貞淑也。』

楊柳

垂柳復垂楊，千行與萬行。沿堤開畫本，隔水露紅牆。無力含朝雨，多情贈夕陽。年年送離別，不綰馬蹄忙。

秋　草

清秋風景劇凄凄，欲訪王孫路轉迷。野浦剩青微雨冷，暮山殘碧夕陽低。鷹呼大澤搏沙净，馬騁平原顧影嘶。蝴蝶不來螢照遠，蕭蕭重望板橋西。

移　花

閒把名花手自移，一枝一葉賴扶持。偶因苑北春難到，分過牆東蝶未知。洗鉢灌從泉近處，攜鋤刷向月明時。好風若遞芳叢信，檢點詩筒共酒卮。

驟　雨

雲頭在當空，雨脚在何許？聲雜好風來，園林不知暑。

楊花

幾處争飛不自由，低回空際任悠悠。春歸那有閒情愛，散作人間萬點愁。

卷四十二

蘇惇元　吴元甲　同校
馬起益

方外

羽士

吴道隆三首

吴道隆　字易水，明季太霞宫道士，有蟲吟集。延陵詩鈔：『關中李屺瞻過桐，見易水詩，奬許甚至，以爲吴筠司、馬承禎之亞云。』

謁黄公祠　明詩綜選

羽檄轅門至，將軍不願生。雷霆初下擊，風雨但聞聲。奔北驅〔一〕三舍，安全慰〔二〕一城。

至今遺老祭，俎豆萬年情。

三、四寫黄靖南忠勇如生。

英雄經百戰，忠勇實無雙。浩氣今猶壯，丹心死不降。虞淵争墜〔三〕日，楚些哭長江。薄暮烏啼急，陰雲繞法幢。

校記：〔一〕『奔北驅』，龍眠風雅作『死賊退』。〔二〕『安全慰』，龍眠風雅作『生靈全』。〔三〕『墜』，龍眠風雅作『隳』。

遊齊山

山在池州，即杜樊川九日所登者。

江南風力老蒹葭，北陟齊山望九華。人共白雲棲石屋，歌聞紅葉隔漁家。牧之原上餘秋草，鵬舉亭前聚暮鴉〔一〕。憑吊不堪秋思起，疏林遥見月痕斜。

校記：〔一〕『鵬舉』，龍眠風雅作『武穆』；『聚』作『亂』。

王鳳鳴三首

王鳳鳴 字雲舉，號桐岡。王晴園樅陽詩選系傳曰：『鳳鳴爲太原侯從祀康山勝裔孫也。少隨其父兄爲道士，稍長讀書，習舉子業，屢與童子試，不售。旋復爲道士。生平所作詩，身後散失都盡，偶從友人吴伯芬處搜得數首，急録之以廣其傳云。』

山　居

結廬傍城市，一半在雲峰。静對南湖水，時聞遠寺鐘。雨聲喧澗竹，山色亂谿松。相約尋僧去，前林曳短筇。

登白鶴峰

烟光嵐氣遠霏微，頓覺層崖歛夕暉。知是前山風雨過，蒼松都欲化龍飛。

訪友人山居

仙源世界隔塵寰，高士眠雲鎮日閒。最是桃花不解事，偏隨流水到人間。

衲子

净倫二首

净倫 字大巍，雲南昆明人，天順間住浮山，有竹室集。

次喬武庫縉金山勝覽韻 御選明詩録

妙高臺上昔年遊，想遍山中景物幽。出洞白雲含海曙，映窗晴雪湛江流。好音常聽樹頭鳥，相對不飛沙際鷗。西望金陵千古意，鬱葱佳氣帝王州。

松陰小憩

風來石上松，僧坐松下石。洗鉢將煮茶，溪流漾晴碧。

洪　恩十一首

洪　恩　字雪浪，金陵黄氏子，萬曆間住華嚴寺。錢牧齋曰：『雪浪事無極法師，得大辯才，嘗言：「不讀萬卷書，不知佛法。」博綜外典，旁及唐詩、晉字。丹黄紛披，几案盡黑。神宗時，江南開士多博通詩翰，雪浪與憨大師力也。』

夜泊慈姥磯登絶頂坐月

蹤跡元蓬纍，天涯自往回。秋風隨去櫂，夜色共登臺。石面潮初落，江頭月正來。最高思欲卧，清磬一聲來〔一〕。

校記：〔一〕『來』，龍眠風雅作『催』。

秋日過蓀谷訪石公

盤溪曲磴趁攲斜，行盡芳蓀始見家。門外空多萬巖壑，可中不滿一袈裟。經年石瀨常疑雨，每日林香未辨花。此際白雲紅樹好，休容車馬破烟霞。

可中亭在虎丘生公説法處。

雨過即事 御選明詩録

一雨山如沐，垂藤覆深屋。不見踏花人，窗外生新緑。

治父山居

亂石砌成茅屋，編柴織〔一〕就疏籬。繩繫〔二〕蓽門晝掩，任教霧鎖風吹。

校記：〔一〕『織』，龍眠風雅作『夾』。〔二〕『繫』，龍眠風雅作『樞』。

望亭飯僧作 四首

借得人家隙地，中藏幾樹梅花。旋構數間茅屋，欲談一卷愣伽。

隔岸長松疏柳，雙溪一片湖光。夜聽漁州共語，風吹菱芡時香。
屋後一灣流水，門前幾點青山。雲去月來橋上，鳥啼花落林間。
添得一條略彴，如從畫裏行來。即此草庵亦可，何須百尺樓臺。

只樹庵

竹映窗前水漱門，數聲幽鳥報朝昏。行來恐踏苔痕破，目送山雲過遠村。
新植寒梅匝杏開，遍尋蘭蕙繞籬栽。香風吹落梨花雪，蜂蝶紛紛交錯來。
山氣巃嵸曉出雲，一溪流水望中分。巖花樹樹紅相映，竹裏横拖白練裙。

德清四首

德清 字澄印，號憨山，全椒蔡氏子，萬曆間挂錫浮山。潘蜀藻曰：『公年十二入報恩寺，與雪浪恩公並事無極法師，北遊，參遍融、笑岩，偕妙峰登公棲北臺之龍門。錢虞山謂其伸紙信筆，一一從光明藏中流出。萬曆間，公與雪浪恩公先後來浮渡，不可謂非山靈之幸也。』

遊浮渡歌

空中一島鎖青霞，宛如香海浮蓮花。岩龕石竇花簇蕊，又如帝網珠交加。我來遥登華藏界，一開雙眼無遮礙。周圍行樹影重重，分明炳若瓶中芥。横空殿閣雲中影，法身不動青山隱。飛來花氣暗香浮，習習侵人重衲冷。曳杖撥開岩中霧，怪石崢嶸若棋布。指點還如數列星，一噴青天灑飛唾。石門磴道一線通，側身半壁足不重。猿行鳥度亦不易，何難〔一〕使我筋力窮。扳蘿直上妙高頂，眼底湖光霞布錦。足未離地身陵〔二〕空，回看亦似冰壺影。小轉還過會聖岩，雲廊石室何奇哉！遠老因棋善説法，黑白未兆令人猜。渡溪西上蓮花石，朵朵金蓮從地出。徘徊不見花中人，但聽松風廣長舌。回禮金谷丈六身，虚明無地容纖塵。劫火洞然此不壞，始信蒼崖是本真。我欲誅茅依石室，餘生借此藏蹤跡。倘得安眠白日高，此身〔三〕世界都抛擲。如何捨此從他去，一葉浮空總是寓。不若乘〔四〕便早歸來，休教猿鶴長相慕〔五〕。華藏從來是故宅，行盡十方出不得。潛身頓入一微塵，何人於此知消息？

校記：〔一〕『難』，龍眠風雅作『如』。〔二〕『陵』，龍眠風雅作『合』。〔三〕『此身』，龍眠風雅作『身心』。〔四〕『乘』，龍眠風雅作『快』。〔五〕『慕』，龍眠風雅作『憶』。

舟行

湘水通巴漢，孤帆入楚天。片雲低遠樹，晴日照斜川。處世常如寄，浮生莫問年。縱遵歸去路，亦似渡頭船。

抵廣州寓海珠寺

天涯歷盡尚遐征，百粤風烟不計程。涉險始知塵海闊，道窮轉見死生輕。暫依水月光明住，偶向琉璃寶地行。到岸舟航今已棄，上方鐘鼓爲誰鳴？

寄浮山澹居鎧公

浮山九帶事如何？回首當年已爛柯。爲問夜深趺坐處，白雲明月是誰多？

本智一首

本智 字朗目，雲南人，萬曆中至浮山，倡議興復勅賜藏經永鎮。

坐木蓮閣

小閣千岩下，幽棲一病禪。燈懸天上月，茶煮谷中泉。石澗崖飛瀑，林昏樹吐烟。有人參我〔一〕法，惟指木開蓮。

校記：〔一〕『參我』，龍眠風雅作『來問』。

佛光一首

佛光 字慈照，新安人，主五印寺，晚居華嚴寺。

亂後歸浮山草堂

且喜干戈息，雲門返客舟。青山仍在眼，白髮未盈頭。風月供新偈，烟霞守故丘。籬邊松與菊，猶爲草堂留。

行岡一首

行岡 字千仞，楚中名家子，明諸生，以秦寇難爲僧，主浮山華嚴寺。

同何無咎游江心寺

不妨唤作小蓬萊，懷抱欣然到此開。萬里潮方將塔撼，两邊山欲渡江來。忽增陸地銷〔一〕沉感，因想中流砥柱材。好向海天窺彼岸，與君更上一層臺。

校記：〔一〕『銷』，龍眠風雅作『浮』。

大艤一首

大艤 一名元來，稱無異和尚，舒城沙氏子，天啟間暫住桐城。

舒城渡河

河水白如練，烟雲照淺流。近城禽解語，抵舍客生愁。骨肉無青眼，兒童半白頭。荒郊高纍纍，盡是故人丘。

如清七首

如清 字石浪，陝西城固顧氏子，崇禎間住慈雲庵，有枯木吟、幻關草。

早春送印弟過九華訪青蓮社友

春澗冰初解〔一〕，芒鞋別玉屏。渡江一水白，到岸九華青。秋浦雨中過，寒潮月下聽。芙蓉多舊識，杖笠莫辭經。

校記：〔一〕『解』，龍眠風雅作『泮』。

憶廬山舊居

出户見層峰，悠然憶舊蹤。門應荒草合，路是白雲封。霜落初收稻，天寒未種松。塵坌不可住，歸去咒降龍。

山宿宗老人房〔一〕

信宿雲中寺，欄干薄暮憑。因尋功德水，得訪薜蘿僧。下榻千峰雪，懸燈一澗冰。石楠花樹上，山月影層層。

校記：〔一〕龍眠風雅詩題作霧中山宿見宗老人房。

別岷嶽弟

纔辭巫峽險，又進劍門程。只是添愁思，那能增道情？荒烟迷野戍，大雪擁山城。行盡褒斜谷，應知白髮生。

謝中隱居士雨後見過

山寺雨初霽，詞宗著屐過。雙塘春草合，一徑暮烟多。芳樹偏巖谷，寒泉挂薜蘿。竹房懸半榻，留待問〔一〕維摩。

校記：〔一〕『問』，龍眠風雅作『老』。

送剡水公賫錫類法檀上博山

两岸霜林映水紅，法檀穩載碧流中。秋山似識曾遊客，齊立江頭送剡公。

答客問小徒到家消息

瓢笠星霜三月周，計程應到錦江頭。縱教雨雪羈行李，不在嘉州在簡州。

存　省二首

存　省　字聖安，自號人山道者，邑之許楊氏子，崇禎間住深雲禪院。

陶　谷

昔喚陶家谷，今聞衲子扉。山清無盜入，雲密有僧歸。夜梵停猿嘯〔一〕，晨鐘飯虎飢。桑門神化遠，含識盡皈〔二〕依。

校記：〔一〕『嘯』，龍眠風雅作『泣』。〔二〕『皈』，龍眠風雅作『依』。

喜雨

風吹西嶺千條雨，到我幽林一夜涼。閉户惟聞蕉葉響，開門忽覺豆花香。蛙從牆外鳴旋躍〔一〕，蟹向階前出復〔二〕藏。野老溪邊招手語〔三〕，水清烹茗待君嘗。

校記：〔一〕『鳴旋躍』，龍眠風雅作『池邊噪』。〔二〕『出復』，龍眠風雅作『石底』。〔三〕『野老』句，龍眠風雅作『隔溪招手唤』。

大帘十二首

大帘　字石潮，别號笠山，邑之雙溪傅氏子，崇禎間爲僧，有巵稿。

山中雜詩

竹門藤花開，岑寂自幽適。孤倚松上雲，群奔澗中石。著我出世書，刈我隴頭〔一〕麥。幽〔二〕然獨往情，流泉亂阡陌。落日生涼風，天香拂枕席。

魏評：「想見風概。」

校記：〔一〕「隴頭」，龍眠風雅作「壟西」。〔二〕「幽」，龍眠風雅作「悠」。

寄方羽南

遥想冶塘人，幽遁在空翠。湖水映茅茨，湖雲映〔一〕衣被。烟艇摇春風〔二〕，波際起〔三〕鷗睡。早晚心神清，鐘聲出山寺。何時策〔四〕杖來？一一〔五〕疇昔意。

校記：〔一〕「映」，龍眠風雅作「拂」。〔二〕「摇春風」，龍眠風雅作「春風摇」。句下有「雁字秋天至，案上一函開」。〔三〕「起」，龍眠風雅作「數」。〔四〕「策」，龍眠風雅作「提」。〔五〕「一」，龍眠風雅作「了」。

答訪魏惟度

一榻清涼山，不知在城郭。日夕多遐心，超然棄〔一〕糟粕。春風吹樹林，春雲映江閣。我來逢出遊，空齋〔二〕自花萼。賢子語意親〔三〕，留坐亦成樂。咫尺烏龍潭，隨步度丘壑。

校記：〔一〕「棄」，龍眠風雅作「脱」。〔二〕「齋」，龍眠風雅作「堂」。〔三〕「賢」，龍眠風雅作「令」；

「親」作「殊」。

送安士之湖上

片帆天際下，因識舊遺民。去泛湖間〔一〕月，還尋谷口人。孤山原在水，獨鶴不爲鄰。樵盡梅花影，難爲〔二〕冰雪春。

一湖春水綠，隨意自〔三〕浮家。僧住岸邊寺，鷗眠烟際沙。小舟依柳葉，深磬出桃花。殊慰孤征者，悠然對落霞。

校記：〔一〕「間」，龍眠風雅作「頭」。〔二〕「爲」，龍眠風雅作「教」。〔三〕「自」，龍眠風雅作「作」。

雪夜示劈雲

天涯風雪裏，共爾坐寒更。白髮竟何事？青山只此生。峰頭誰獨上？雲外我孤行。半壁梅花影，霜毫畫不成。

寄胡柏庵

時有渡江夢，孤懷歷歲深。暮雲歸鳥意，春樹野人心。岸草青連屋，山花紅滿林。好知千古事，明月幾回尋。

懷木立和尚

盱江两寺定幡風，緇素親承古鏡中。選社不知天地别，放身原識鳥魚同。墨池落筆翻波黑，屐齒殘花踏雨紅。歸到廩山閒把玩，留予相對漫談空。

題　畫

積〔一〕雪滿江干，孤舟釣客寒。誰知烟水上？最好是冬殘。

校記：〔一〕『積』，龍眠風雅作『一』。

雜　詠

初交情似濃，久交情乃薄。薄豈待久交，交初濃即薄。

言之悚然。

秦淮曲

是誰溪上拍〔一〕歌聲？手把花枝步懶行。賒得爐頭〔二〕三白酒，攜來春樹就啼鶯。

校記：〔一〕「拍」，龍眠風雅作「打」。〔二〕「爐頭」，龍眠風雅作「酒家」。

贈陳滌岑樞部

何須郭外看東山，屋後高樓萬竹間。風雨著書消歲月，乾坤留得此人閒。

明雪二首

明雪 字瑞白，邑人樅陽楊氏子，崇禎間僧。

天台桃源洞〔一〕

幾年居浙水〔二〕，今日到天台〔三〕。山色應如昔，仙蹤安在哉〔四〕？曉花迎日媚，夕〔五〕鳥帶雲回。寂寂桃源洞，蕭疏滿緑苔〔六〕。

校記：〔一〕龍眠風雅詩題作遊桃源洞。〔二〕『幾年』句，龍眠風雅作『昔年懷此勝』。〔三〕『到天台』，龍眠風雅作『始親來』。〔四〕『山色』二句，龍眠風雅作『劉阮仙何在？胡麻迹未灰』。〔五〕『夕』，龍眠風雅作『野』。〔六〕末二句，龍眠風雅作『徑轉情猶適，還親石上苔』。

青石塢山居

榮辱無干樂有餘，瓢囊高挂隱山墟。茅庵結在高峰半〔一〕，野鹿閒雲傍〔二〕我居。

校記：〔一〕『高峰半』，龍眠風雅作『窮幽谷』。〔二〕『傍』，龍眠風雅作『伴』。

性華十四首

性華　一名超華，字天樹，故明遺老，姓徐氏，毘陵人。王晴園樅陽詩選系傳：『華國變後爲僧，愛樅陽山水，居焉。書法懷素，軼妙造神，善飲，好吟詠，所著有半舫吟稿、蛟臺近草，共若干卷。五言近體最爲擅場，如「雞豚春社酒，桑柘夕陽烟」；「放衙蜂出午，捲幔燕來雙」；「瀑響群峰應，松吟獨鶴聽」；「石滑常疑雨，湖平半入烟」；「醉後忘參佛，窮來好著書」；「蓮曾開白社，瓜已熟青門」；「琴聲常出屋，松影獨當門」；「竹影捎雲薄，蟬聲叫月涼」；「鉢分雲子白，山倩木衣青」；「道心黄葉淡，勝事白雲長」；「鴉閒背月立，葉脱帶烟飛」。』

訪定峰大師

疏竹南窗外，逶迤一徑幽。雲移風自定，池淨月能留。盤出青梅子，花開絳石榴。龍泉茶味好，相對數詩籌。

能隱

能隱身如豹，難馴性似龍。一丘爲社長，半畝亦提封。水竹清相接，山雲翠復重。雨花隨處著，親切是芙蓉。

冬日坐維歷書樓

曳杖到山村，群峰競繞門。池清能受月，霜冷不聞猿。竹閣藏千帙，巖窗醉一樽。歌吟終日好，相對亦忘言。

過友人園亭

梳風花蕊亂，織霧柳條慵。蟹眼鐺新煮，龍膏杵舊舂。諸聲呼夢醒，多樹簇蔭濃。一壑堪爲賞，何煩策遠筇。

再過山園

烟霞吾自有，不與世相爭。步障裁雲錦，檀槽學水聲。山深宜大隱，石瘦入清評。復此支頤坐，泠然物外情。

七佛庵

白社千尋峻，丹房十笏寬。月輪懸妙墖，日馭倒欄杆。寶液琉璃甕，瓊花翡翠盤。夜聲鐘梵寂，自在禮旃檀。

偶成

浪遊歲歲客心遐，到處林泉即是家。貧不受憐交漸少，身雖暫寄夢偏賖。閒開小甕嘗新酒，悶剔孤燈看落花。雪未全消梅未散，斷腸詩思在天涯。

秋懷

林笠蕭然一鶴孤，支離瘦骨未全枯。乾坤留我餘身在，牛馬隨人逐隊呼。竹裏故應多逸者，蘆中豈必盡漁夫。波光雲影閒相照，醉把離騷倒玉壺。

山居春晚和侑堂禪師

杜宇春殘不住啼，辛夷如雪夕陽低。長橋草没王孫屐，小閣花沾燕子泥。豈少山林容務卞，偏無薇蕨飽夷齊。偷生聊與游方外，竹杖經函手自攜。

寄懷龍泉庵甯峰上人

龍山記得去年登，剔蘚披雲最上層。山水似君真出世，風塵如我愧名僧。汲泉頻煮三冬雪，分韻同挑五夜燈。見説别來春事勝，鼠姑花放幾枝曾？

寄劉臣向

詞壇執耳屬宗工，況復人稱矍鑠翁。康樂池塘春草裏，隱居樓閣亂雲中。家連蛟渚稱名勝，客望龍門拜下風。珠玉滿前慚白雪，瑶篇莫惜寄郵筒。

雨中正甫馭三集公采儀光仲天如見過小酌

芰荷平檻水生涼，有客擕尊到草堂。屋角過雲山羃䍥，枝頭著雨樹頹唐。銜杯滿座人如玉，彈板新歌曲繞梁。扶醉月明歸未得，隔山夜半問紅妝。

山居消夏

詩夢醒時鳥語，茶烟歇處松聲。苔徑曾無車馬，石牀只有棋枰。乾坤於我何有？寒燠依人自憐。釀秫高風邈矣，落花流水悠然。

雁

楚天風雨暗漁磯，纔見南來又北飛。銜得一蘆江上去，天涯兄弟共依依。

海　斑二首

海　斑　字與疏，舒城羅氏子，順、康間住大羅庵。

登投子山和韻

尋幽趨勝地，芳草帶春寒。曲徑雲埋久，只園鹿占寬。鐘聲前代蹟，檀板俗人彈。先哲歸何處？遺蹤淚眼看。

過三慧庵訪古達師拈翠旭韻

緑樹參新竹，茅庵舊隱家。有池堪映月，無地不栽花。列室先爲座，開山已種茶。劇談時易久，窗影日西斜。

音可一首

音可　字元白，武岡鄧氏子，嘗住浮山。

柬趙以贊居士

陣陣香風掃玉蘭，秋光照落一輪寒。衣珠未得人收拾，且把心王獨自看。

音時三首

音時　字竺怡，邑之王氏子，龍井西竺寺僧。

中秋雨霽

飛錫鄉關外，秋光此夜清。一輪微月上，四嶺晚雲輕。榻擁殘書夢，鐘歸落葉聲。禪扉雖静掩，不減庾樓情。

何木末過訪〔一〕

一片香雲鎖上方，何緣命駕竟登堂？談鋒破霧終朝朗〔二〕，麈尾生風六月涼。慧業自慚惟儠拙〔三〕，交情偏覺曼卿長。相看不忍輕相别，斷續蟬聲噪夕陽。

校記：〔一〕『訪』後，龍眠風雅有『留話竟日作此以贈』。〔二〕『破』，龍眠風雅作『捲』；『朗』作『對』。〔三〕『拙』，龍眠風雅作『短』。

春日方還青居士過訪

短策青〔一〕衫入草堂，近時居士半僧裝。貝函能助談鋒健，澗水尤添茗味長。拂蘚坐來衣袖緑，踏花行處草鞋香。谿橋送別天將暮，又伴歸雲宿翠篁。

校記：〔一〕『青』，龍眠風雅作『輕』。

智操十首

智操　字寒松，號隱翁，邑之嚴氏子，順、康間住香爐、雲際二寺，隱白雲巖終焉，有拈來、九華等草。吴梅村題拈來草曰：『隱翁大師禪宗峻峭，音節高超，有字無字，兩際俱斷，信手拈來，溯洄波浪，吞吐風雲，知師之詣於此道者深也。有客持師集過梅村，問詩從何處生，曰：「千峰從地湧，孤鶴自天還。」又問：「詩從何處覓？」曰：「湖海三生客，乾坤一隱翁」。』

訪幽人

地僻絶無塵，風光高且曠。濤聲萬壑連，漁樵尋莫向。中有飲翠人，翛然忘得喪。素懷羅百川，白眼空千嶂。門掩青霄雲，夢翻滄溟浪。我來訪舊棲，無心到月上。回首問家童，笑指烟霞宕。

中秋次韻贈錢牧翁

霽碧光可依，烟柔晚色静。遠水化雲英，樓開玲瓏景。玉兔散天香，疏鐘響空嶺。幽興入清澄，雲流石夢冷。袒裼坐臨風，倚月聽歌郢。白雪老秋容，談笑娱清影。濤聲侵竹枝，桐陰落金井。涼從今夜來，誰能發深省？

曉泛太湖

虛白天初曉，山城動早炊。片帆收宿雨，滿棹浸寒漪。濃澹雲中髻，東西水上眉。蒼茫渺無際，何處問鴟夷？

雲門漫興

步輕憐草嫩，不必更支笻。吟詠一谿水，盤桓數朵峰。雪殘林翠溼，春曉曙光濃。笑指蒼茫外，聲來何處鐘？

舟中值雪次老人韻

風急吹衣薄，寒光入棹驚。雲流山著色，凍合水無聲。蝶夢梅初放，人疑月乍生。更憐塵世變，詩就詠殘更。

和古庭公秋日見寄

風來吹我袖，桂溼夜光浮。石冷依雲坐，山空抱月遊。情酣楓一徑，夢老菊三秋。幾得耶谿棹，波乘客思悠。

訪何山幽禪寺〔一〕

爲訪幽禪寺，千山策一筇。藤花迷斷磵，溪水咽殘鐘。砌老雲根活，萊深屐齒封。如何天上月，不照此杉松？

校記：〔一〕『寺』後，龍眠風雅有『有感』二字。

訪梅村吴祭酒

欸乃聲中夏日長，薰風影裏挂危檣。孤雲出岫三年别，一水環村六月涼。路入疏籬分古徑，香流遠浦識芳塘。談深相共忘天暮，夕照絲絲柳數行。

送　客

客路經秋老，江聲帶月寒。但成天下士，莫只到長安。

樅陽道上

帆挂殘雲逗夕暉，愛人沙鳥傍船飛。寒流一枕乾坤小，夢入梅花帶雪歸。

興　斧三首

興　斧　字山足，吉安張氏子，主浮山華嚴寺，有浮山録、一莖草。錢田間集一莖草序：『華嚴住持山足，雖應酬雜出，要自一往有灑脱之趣，惟浮山通體靈幻，一丘一壑迥非常境，而山足終日窮幽探奥，久與之化，故出語吐氣絶去膠滯。』又華嚴寺記：『寺本遠録公開山，萬曆間僧朗目重修，後僧山足爲修浮山誌，重建藏經閣，藏經四大櫃，國母陳娘娘頒賜也。山足時嘗閲焉。』

陪李銓部遊白鷺洲

廬陵城外一孤舟，千古波心作勝游。不聽風聲悲往事，惟看帆影上層樓。山高兩岸雲常合，水滴[一]四圍天欲浮。漫[二]道狂瀾無砥柱，巍然臺閣壯中流。

校記：〔一〕『滴』，龍眠風雅作『闊』。〔二〕『漫』，龍眠風雅作『謾』。

秋日哭方還山少府

悲歌此日動江城，風雅龍眠失主盟。落筆已教千載重，甘貧曾把一官輕。相期暑退窮山水，豈料秋來隔死生！惟有四松青不改，寒濤猶作斷腸聲。

宿遷客舍

歇馬〔一〕孤城落日斜，北風一任捲黄沙。莫言此夜身爲客，一枕安眠〔二〕即是家。

校記：〔一〕『歇馬』，龍眠風雅作『馬到』。〔二〕『眠』，龍眠風雅作『時』。

元澤一首

元　澤　字慧亭，又字璧旨。王晴園樅陽詩選系傳：『澤著有慧亭語録十六卷，内附詩二卷。江觀察臯寄書有云：「捧讀語録，焚香静對者數日，真斬斷葛藤，獨於真詮有得，可坐斷天下知識話頭，平陽一燈，非此誰續哉！」觀此可想見其概。』

喜晤素九上人次韻

離居三載餘，誰與慰幽獨？那得聞足音，跫然到空谷。黄葉晚蕭蕭，白雲生寒木。何期復此逢，援琴寫心曲。

雨花一首

雨花 字、號、住持俱逸。

浮渡留贈淳乎上人

刻竹添新句，挑燈話舊遊。鶴歸三徑晚，蟲響萬山秋。奈我匆匆別，多君款款留。漫云無所住，相對各含愁。

道楷一首

道楷 字□□，□□□，康熙間住樅陽準提閣。王晴園樅陽詩選系傳：『楷住持準提閣，依山構亭，回欄曲崦，竹樹蒙翳，一時名士多樂與之遊。楷知醫善畫，常以所入養其老母。查太史慎行嘗贈楹聯云：「入門誰是窮禪客？出世猶爲奉母人。」方舍人式濟贈詩云：「短衣破帽意從容，只在蕭涼古寺中。不問世情真是懶，並忘佛字始爲空。閒窗硯撥晴江霧，高閣燈昏老樹風。一笑紛紛叩關者，阿誰幽思許相同？」』

寄查太史

江亭黄葉落，江水送歸船。雲樹迷千里，星霜漫五年。小人猶有母，獨處罷談禪。尺素託鴻雁，相望何處邊？

萬　清十首

萬　清　字侶石，號山夫，楚州唐氏子，乾隆初主投子慈濟寺。嗣法源慎述曰：『雍正癸丑冬，世宗特召引見，論洞下宗旨，師詞理響捷，奏對稱旨。翼日，上問：「傳燈録，汝宗至太陽警元幾絶，得投子義青出而振之，未審投子道場即今隆替何似？」師遂以明時頽廢奏之。上曰：「爲汝重建投子，汝即中興其道，爲開山一代。」尋賜紫衣盂杖。明年春，奉旨住持鐘山之靈谷。乾隆元年，投子工竣，賜名慈濟寺，奉旨令師住持新剎。』

毗陵夜泊時同岳宗和尚之越中訪姚觀察息園

欲訪山陰道，春江放小舟。野花開岸側，孤月照河頭。水闊明如鏡，天空冷似秋。故人真可念，慷慨最風流。

丹陽道中

往來剛十日，歸櫂過丹陽。河曲城依水，樓高月上梁。一帆楊柳色，兩岸菜花香。不久春歸去，春歸有故鄉。

金城曉發與岳兄驢背限韻

策蹇金城早，沾衣露未收。疏鐘頻到耳，殘月正當頭。海日光初動，村烟淡欲浮。行行漣水近，兄弟喜同遊。

懷岳宗和尚

萬柳新青護小堂，亂鴉争集噪斜陽。好花已放春猶淺，芳草初生路正長。野寺烟寒燈黯淡，高樓人定月昏黄。一龕冷寂相思遠，深夜誰堪入睡鄉？

懷文邑侯素庵次見寄原韻

春風滿眼草芊芊，病起懷人思渺然。燕子飛來連日雨，鷓鴣啼過隔村烟。野棠斜倚殘陽岸，柳絮晴隨出浦船。幾處平田新水漲，蒼茫一片白雲天。

半檐岳宗兩社兄見過關前分韻

薜蘿深掩謝人間，斗大僧房晝掩關。熱路那堪牛馬走，道心原共水雲閒。黄梅花放寒侵骨，白髮人來雪滿山。蠟屐不辭冰地遠，鉢盂池上慰枯顔。

山居

空林雨過緑烟鋪，竹屋花亭似畫圖。三徑月來游客盡，一關風定老僧孤。秋深但見高梧墜，夜静常聞野鳥呼。端坐繩牀無別事，不教心寂使禪枯。

寄懷安國應山和尚

武陵山憶同君住，風雨聯牀笑語殷。閣在松顛高坐月，峰如螺髻共棲雲。長安遠道思千里，淮海空堂冷十分。北雁已來書寄少，悲秋況復感離群。

贈別雪鴻和尚

一杖袁江送遠遊，黄花滿地又殘秋。孤鴻不忍聽天上，衰柳何堪折渡頭？北道寒生難策蹇，西風浪少易乘舟。此行緊閉篷窗卧，莫管清流與濁流。

寄懷理安迦陵和尚

憶别西湖二十年，六橋花柳想依然。聳身莫上松顛閣，解渴常懷法雨泉。雲樹幾回思北闕，雁書今日寄南天。滿頭白髮嗟空老，夢在臨安古道前。

源　慎十五首

源　慎　字竺峰，號茎村，□□人，乾隆間主投子慈濟寺，有茎村集。光栗原曰：『萬清嗣法有源慎，號竺峰者能詩，不墮綺語。有寒拾風，異於他詩僧，資以悦世者。』

和鶴林胡公用陶詩歸園田韻

崇岡置梵刹，四面皆青山。我生四五十，已住八九年。晨鐘與暮鼓，鍠鍠復淵淵。元杖策方竹，霞衣披水田。逍遥塵垢外，放浪天地間。枯坐絶言象，晝究庖羲前。銅瓶貯溪水，瓦爐騰篆烟。既無瞖在目，何慮霜盈顛？却笑雲多事，出没終不閒。盍入寥天一，淪虚歸寂然。

神哉十影駒，詎肯羈塵鞅？鯤魚初化鵬，輒作圖南想。雄心亦已灰，英風亦已往。年華曾幾何？馬齒忽加長。邇來窮竺墳，乃覺玄途廣。回顧鴟鶚群，可憐困榛莽。

林深鳥音碎，村遠人迹稀。老翁荷鉏至，稚子騎犢歸。共聚柳陰下，看余製荷衣。因與較晴雨，相契不相違。

良苗秀且實，覽之增欣娱。野老歌不輟，浩浩盈村墟。顧我林下人，得遂清澄居。庭際何所有？青松三两株。松頂巢孤鶴，翩翩何皎如。已飢乃求食，既飽還棄餘。我欲跨其背，頃焉遊十虚。紫陽若可遇，金丹乞得無？

和張居士韻

春至每嫌遲，春去每嫌急。鶴寨雪初銷，燕巢泥又溼。東風卒未休，花落嗟何及。植杖發清謡，獨向溪邊立。

衰柳咽疏蟬，黄花溥白露。慕寂滯偏枯，厭喧成積痼。伏盡多風來，暑殘少雨注。瓜蔓日淹淹，抱甕灌秋圃。

雨阻不果和蠡亭先生韻

高軒期枉顧，詩卷擬長留。冷雨偏相妒，秋風慣惹愁。青摇松底屋，翠滌竹邊樓。所幸塵氛斂，能令眼界幽。

答和吴仲約先生見寄原韻

句投黄葉寺，光奪赤城霞。字擬寒江叟，孤撑釣雪槎。蠶頭排畫正，鼠尾引鋒斜。忽訝經窗下，蓮開臘月華。

苦雨漫興

連蜷雲戀古舒州，礎潤津津卒未收。不拭案塵留鼠迹，爲除黴氣爇牛頭。桐鸞岡畔寒濤湧，松鶴庵前冷翠流。莫厭七斤衫子重，岩房五月擬三秋。

深雲庵晚眺

瘦藤支入亂峰頭，薄暮還登竹裏樓。風捲茂林青簌簌，雲歸深谷碧悠悠。半彎新月潭中見，一片殘陽嶺外浮。掩却柴門人迹斷，猿呼鳥噪轉清幽。

和雨後過訪韻

林際白雲牽作縷，巖前黃葉積成堆。秋清爽氣横香刹，雨霽泉聲撼石臺。我習枯禪敷草坐，君乘幽興扣門來。雙瞻嫩桂庭邊立，屐齒縱横印碧苔。

秋晚雜興和曦子韻

蓐收騎虎歷幽岑，元帝操蛇取次臨。霜逼黃花增傲氣，風摧紅葉助狂吟。苟非攻璞難求玉，不是淘沙那見金。萬古冰輪銀漢裏，何須撈摝碧潭深？

九日感懷

虛擬登高具一卮，家林霜葉想紛披。魚沉雁杳無音耗，淮北江南有夢思。漫學隱翁尋野菊，甯隨騷客詠江蘺。千峰笑我鬚眉白，個個伸頭冷眼窺。

和憨幢書記韻

靈府休教俗垢侵，會須博問廓胸襟。掃除陋隘偏邪見，發起清明廣大心。

解　悶

一別金陵三十秋，銷聲息影匿兹丘。既無雪嶠參投子，安有雲門訪睦州？

世惺十二首

世惺 字憨幢，蕪湖人，乾、嘉間主慈濟寺，有耦松存稿。姚惜抱集乙卯二月望後住憨幢慈濟寺觀月詩有云：『闍黎净業就，結習猶謳吟。共會忘言契，何嫌金玉音。』張曾虔曰：『憨幢精内典，工書，喜吟詠，善鼓琴。詩不多，氣韻亦清朗，間有佳句，其亦辨才無礙耶。』

入龍眠

出郭循龍眠，山容信清美。短步覓幽棲，沿溪石齒齒。置身圖畫間，虚無參静理。披襟快當風，澄懷淡秋水。

山村閒步

望到空靈境，行來水竹村。濯纓雙澗曲，拄笏萬峰尊。柳外調鶯舌，松邊警鶴魂。此間塵事少，遥坐寂無言。

送勝躬歸里

龍眠聊憩足，特爲省師還。箬笠依然帶，芒鞋未肯閒。朝雲移皖日，夜月睹匡山。分袂獨歸去，吟情遠莫攀。

游棲霞和程望川韻

爲愛棲霞好，重尋二月天。鶯花猶歷歷，山水自年年。况與故人遇，而增選勝緣。夕陽亭下坐，細酌八公泉。

寄方潄霞

花片點晴川，春風欲暮天。紅梅初結實，堤柳漸飛綿。我返龍山下，君仍虎阜前。異鄉有知己，應未覓歸船。

雨中登水閣贈地藏慧公

飄囊隨所適，百里隔鄉關。聽雨江村外，吟詩水榭間。數株彭澤柳，一幅米家山。鉢飯能分我，扶筇日往還。

晤鮑質人

尚論三生話，欣逢再劫人。詩吟天柱月，家羨武陵春。公黟縣人，家居小桃源。自笑烟霞痼，誰憐幻化身？入廛無定力，容易受沉淪。

遊龍門寺同友人作

迢遞龍門寺，縈回路幾盤。虬松夾幽徑，修行隱飛湍。偈與閒官說，詩呈古佛看。地爐煨芋火，虛室不知寒。

秋興和朗公韻

香消燭灺漏聲催，拈弄無端逸興開。吟壘若教隨意據，詞鋒定得湧泉來。西風鐵馬當窗語，碧漢銀蟾入夜回。蓮社相逢陶靖節，不妨達曙飲千杯。

留別馬西林

虎阜龍峰各一天，故人相聚話纏綿。先生宛有相如渴，衲子漸無道濟顛。可意雲山還自樂，多情花柳爲誰妍？ 河樓信宿分攜去，風月依然荷兩肩。

贈鶴林恒松和尚

馬師錫杖久陵雲，鶴林係馬素禪師開山。蘇米風流天下聞。蓮社相逢還一笑，苾芻香裏日初嚑。

實際寺客堂偶題

瓶鉢天涯二十年，吾宗心眼幾人傳？今朝得接山神面，翠竹黄花總是禪。

景印桐舊集識語

桐舊集四十二卷，徐樗亭先生輯録，自明初迄清道光庚子，爲詩都七千七百餘首，作者凡一千二百餘家，分姓列卷，視潘木崖先生所選龍眠風雅，體例略殊。刊未及半，樗亭先生已前卒，邑中諸先輩鳩資續成之。蕆事於咸豐辛亥，距先生之殁已越十年，一書之成，其難如是。越二年癸丑，吾邑遭洪楊鉅劫，板片遂燬，書亦散失，同人欲覓原本重印，迄不可得。蓋存者率殘缺不完；間有全者，又或以獨得自矜，不肯公諸於世。一書之傳，其難又如是。

去秋於里門聞方槃君世丈收得是集，缺末册列女、方外二卷，適余所藏，殘本缺卷具在，竟合成完書，因請付諸景印，以廣流傳。槃丈慨允，同人復鳩資相助，而千二百餘家嘔心刻腑之篇什幸得復傳。夫木崖先生之龍眠風雅六十四卷、續二十八卷，久傷殘佚。余從祖律原公嘗集鄉先輩著述爲龍眠叢書，都百餘種，與是集同時付剞劂。甫刊竣，未及印行，猝逢亂事，搜羅各家之稿本既悉付灰燼，所餘零星板片現藏程綏園姻丈家，竟無一全者，誠鄉先輩著述奇厄也。而自明迄嘉、道間，吾鄉文獻之存，惟此集是賴。兹距此集之成又八十餘年矣，代有作者。若能廣爲搜輯，繼此流布，亦後起之責也。然樗亭先生生當承平，清初專集暨諸家選本已有什不存五六之概，況經咸、同大劫以後，復值舉世盛倡毀棄舊學之時，而欲從事續輯，其難殆又千百於樗亭先生之世矣。顧是集之成也，適當海宇鼎沸之際，今之重付印行，時會所遭，正復相類，千鈞一髮，卒底於成，不幸之幸，亦私心所竊慰耳。至集資同人姓字，謹援道光間重刊龍眠古文之例，備列左方，以彰風誼。

民國十六年丁卯八月，邑後學光雲錦謹識。

張傳易熙午二百元
吴汝澄受益一百元
姚永輝藴山一百元
姚佐清頌平一百元
陳景虞卿雲一百元
方履中玉山一百元
孫　蔭澤餘一百元
葉　璽季達一百元

葉石麟蘭生一百元
姚　昶旭東六十元
姚永樸仲實五十元
趙國琛粹然五十元
方家永子和五十元
方彦恂伯愷彦忱仲斐一百元
王其樞星一三十元
張傳綸書閣二十五元
張傳縉紳言二十五元
張家騮石卿二十五元
張家騄良駿二十五元
光雲錦農聞雲章香九二百元